説話的藝術

你怎樣說話，決定你是怎樣的人！

目錄

1ㄌ

前言

擁有技巧的目地

所有的藝術大師，都有個人專屬的技巧。

雕刻師父有雕刻的技巧，鋼琴師有個人運指的技巧，聲樂家也有個人的練習方式，他們會結合身心靈的架構，幫助自己有更完美的傳達——因為這個幫助，他們用的系統就變成了一個技巧。

每個人在求學過程中，都曾向老師學習過。但當我們在學習某些領域的學問時，為什麼會去研究不同大師的心得？因為每個人會有不同的領悟及收穫。

我非常鼓勵每個人在生活中拼命地講話，拼命地研究，盡其可能地去感動，用各種方法去傳達情意、創造幽默，也應該用盡心思去溝通，技巧就會自然形成。運用這個技巧，對方聽了會比較舒服，更重要的是，這份心意不是被刻意營造出來的。它是練過的，是受到控制的，且具備個人獨有的特色。

若純粹只是運用純熟的說話技巧去溝通，別人會覺得你這個人講話很奇怪；但如果你有自己專屬的技巧，而能夠傳達想要表達的內容，就算表現的不是那麼完美，對方還是可以感覺到你發自內心的誠意，以及你希望彼此能夠相互理解的意圖，這非常地重要。

在日常生活裡，你可以發現小孩子對你撒嬌的意圖，情人向你表達愛慕的心意，你會覺

得甜在心頭，就算對方表達的技巧不是那麼地純熟，這些時刻往往都不會被錯過，而且印象深刻又感動萬分。這樣的心意是說話中最重要的核心，千萬不要喪失這種感覺，了解說話真正的用意。但是，如果能夠加上那些技巧，同樣的一句話，同樣是傳達心意的動作，就會讓人感覺特別地精采，舒暢無比。

擁有說話技巧的目的，就是為了把心意傳送出去時，對方能夠更舒適地接收及感受。就像一部好電影，畫面的畫質要好，剪接要順暢，配樂要好聽，這些全都是技巧，但最後要傳達的中心思想一定要清楚，而且必須凌駕於技巧之上。否則，只憑著高畫質的畫面、最棒的音質與配樂，內容卻乏善可陳、毫無意義，觀眾絕對不會買帳，頂多只會給出一個「聲光效果很好」的評價。

真正的藝術，是有靈魂的。一件藝術品，若只讓人感覺創作者的技巧很高明，卻沒有蘊含任何生命力，不能算是上乘的藝術。技巧只是表達某個領域的工具，但是技巧本身並不足以展現完整的藝術價值。所有的技巧，都只為了幫助創作者更完美地傳達出作品的意念與功力，讓接收者能夠更感動、更深入了解。

再舉一個比較生活化的例子。有一碗化學合成的雞湯，裡面沒有真品。把化學原料放下去，就能讓人以為這是雞湯，這可是不得了的技術，對吧？這產品可以騙過許多人的舌頭，甚至還有很多人認為化學雞湯比真正的雞湯還要好喝；但實際上，這兩者仍是不一樣的東西。識貨的人一定不會吃這種食物，只是大家都心照不宣。這是你能不能看得明白的問題。

講話純粹靠技巧，不會讓人打從心感動，若真的要去談感情或是說道理，有這些說話技巧是加分，但還是需要用心、用情、用生命表達刻劃。至於技巧需不需要？當然需要。有了技巧，會讓你百尺竿頭更進一步，達到更純熟、更美麗的境界，就像一部劇本很棒的電影要慎選演員，要經過充分的排演練習，取景的畫面很漂亮，畫質非常細膩。這當中要融入非常多的技術與技巧，才能讓欣賞者充分感受到至高無上的視覺享受，這就是一種藝術之美。

藝術所講究的，就是如何去創造「美」。你該去探討的，是技巧該怎麼發揮？力道要怎麼運用才會到位？要怎樣把技巧跟心意結合在一起？怎樣運用技巧，讓作品更具藝術價值？該如何讓這項技巧賦予屬於你的個人風格？

藝術的獨特性很重要。天底下不會有兩個完全相同的人，技巧也不會完全一樣，表達方式或許很類似，心意卻不會相同。你要練的技巧是自己琢磨出來的方式，它是獨一無二的。當努力到一個程度的時候，這些專屬於你的技巧將會非常地實用，而且非常地迷人。

第 1 章

說話的基本動作

技巧，不是套公式

「話該怎麼說才是最好的？」

其實，這個問題並沒有標準答案。一般人對於「技巧」都很有興趣。這裡我所要談的「技巧」，並非一般人所認知的東西。技巧再好，如果沒有心，沒有意圖，沒有真正的感情，根本沒辦法讓對方欣賞，也不可能會感動。

講到「技巧」，大家心裡想的是怎樣可以更快，怎樣說話可以達到更好的目標，怎樣說話可以事半功倍，怎樣可以一針見血、正中紅心，也有很多人會想到「話術」——這句話太長，中間應該加一個逗點；或是故意來個反問句來將對方一軍，要不然刻意把音調提高，第三個字的尾音要翹起來，最後聲音要拖長，或是眼神、表情要怎樣之類的……這些都不是說話真正的重點，我也不相信這樣的技巧真的那麼神奇，照這種方式去說話，最後一定會變得矯揉造作。

有些技巧是被歸類整理出來的「公式」，有點像是只要把這些公式背起來，當遇到狀況時，套用公式去說話就可以過關，考試就可以拿到滿分。這種心態其實是不切實際的！你可

以去看某些選美比賽，每個人的鼻子都墊高，下巴全都整形過，更誇張的是每個人幾乎都長得一樣；這樣的比賽究竟是在比誰漂亮呢，還是在比誰整形整得好？

這種形式上的技巧，並不能夠讓人心動。既然談的是藝術，怎麼能用公式化的態度去處理呢？如果我跟各位講的是這種東西，你所練習的方式就像工廠生產線的模組，說出來的話就是量產的成品。

所以，在這本書裡所要講的技巧，並不是要告訴你這句話要怎麼說、聲音要怎樣、臉部表情要怎樣，然後要用怎樣的方式讓對方簽約，讓別人覺得你口若懸河，或是讓女朋友願意嫁給你——這樣的技巧都是機械化的東西，並不會讓你進入藝術的境界，更不會擁有真正幸福的人生。

所謂的「技巧」，一定是你自己親身去體會、去發明的。我們看到畫家作畫都會有一些技巧，但是他們並不是為了表現技巧而去作畫，他作畫是為了溝通。至於一般人所認知的「技巧」，是他練習了很多次之後所整理出來的一種方式；或是他接受某一種訓練，做了幾千、幾萬次之後，發現非得用什麼樣的方式，才能達到那樣純熟的境界。於是，這就變成了他的純熟技巧，這就有研究的價值。

不過，你必須先要瞭解一件事：學習技巧的目的為何？絕對不是為了耍弄技巧而去學習。你之所以學習這些技巧是為了溝通，為了表達。

一個舞者的肩膀，為什麼要拱成那個模樣？為什麼要從某個角度出力？為什麼要從肩膀、從大腿開始移動他的身體？其實，這都不是隨便擺出來的動作，因為它是基本功，每個動作都有它的道理與中心思想。那些技巧被整理歸納出來之後，成為眾人熟知的固定方式。

比方說，你在駕訓班練習時，教練可能會告訴你類似「右一圈半、左一圈半……」的口訣，這個口訣就會變成一種技巧公式。不過，如果你只是光在那裡背口訣，卻不知道為什麼是轉一圈半而不是轉兩圈？輪胎快壓到線了，要怎麼調整？那麼，不管你練了多少次，都只是為了應付考試，就算拿到了駕駛執照，也不能算是真正學會開車。

技巧，是為了達到某個目標，必須經過訓練才能獲得的一種能力。技巧有特別的價值與意義，因此我們才會特別提到練習的必要性，技巧的純熟度越高，便可以表達得更出色。相對地，如果只是純粹為了表現出高超的技巧而去學習這些技巧，絕對是不合理的想法。

技巧之所以有價值，是因為那些大師們經過很多的推敲琢磨與練習。至於一般人在生活中表現的藝術，則是個人體會的心得。當你很常運用某一種方式，時間久了，將會歸納出一

套自己專屬的心得，那些心得也會成為你個人的技巧。要是你夠聰明，便應該不斷地揣摩這些心得，可以再找到更好的方式。不過，若你過於懶惰散漫，只會個一招半式就想闖蕩江湖，結果勢必不如預期。

譬如說，為了展現出自己可愛、風趣的一面，你發現自己見到人先笑一笑，講話稍微嗲一點是很管用的。人家看到你就會說：「哎呀，這個甜蜜的姑娘很喜歡笑！看到她的笑容，就好像看到蘋果一樣呢！」那個笑容就成了你的招牌——其實，這就是你的技巧。

不過，如果有人覺得你這個模樣很可愛，所以他就東施效顰去模仿，但就算故意擠出了笑臉，別人也不會有什麼特別的感覺，甚至看起來像個白痴。

「小姐，你有病嗎？生病要去看醫生。」

他不知道自己要表達什麼，就在那邊傻笑，講不出什麼話來，那種技巧是不連貫的，沒頭沒尾摸不著頭緒，所以別人會感到莫名奇妙。

所謂的「頭」，就是要有個方向，得知道自己為什麼要這麼做。至於「尾」，就是達到了某種目的，傳達了某種訊息。你必須知道頭尾，中間借重的才是技巧。要是沒頭沒尾，空有技巧就會變成耍花槍、作作樣子，呈現出來的感覺也喪失了意義。

這就好比蓋了一座橋，如果是為了要串連兩個城市，為了得到更高的運輸效益，讓橋的兩端更興盛繁榮，這橋就有存在的價值了。構築的工程本身就是技巧，就算橋的結構不是那麼好看，可是它有明確的存在目的，技巧也就有意義了。

反過來說，要是橋的一端沒有路，另一端也沒有城鎮，根本起不了運輸作用，在這裡搭橋簡直是莫名其妙，就算建構技術再怎麼先進，又有什麼意義呢？

所以，這本書裡所提到的技巧，並不是什麼特別的方法，而是要告訴你一件事：在生活裡認真地去琢磨，不斷地去思考、去瞭解，就會建立個人的技巧與方式，這就是你說話與眾不同的地方。

以球類運動比喻的四個基本動作

在這個部份，我們將說話的起承轉合做深入剖析，給各位一個清楚的概念，在平常練習的時候，也可以區分出明確的步驟。

我們以球類運動作為比喻，把說話分成四個基本動作。這四個動作，列舉如下：

第一，發球，開球。怎樣開始講話。

第二，補球，救球。也就是補話。

第三，護球，送球。就是把話講到底。

第四，切入，融入。讓話題有整體性。

1 開球

要開啟一場對話，總得有人先起個頭。在球類比賽中，這個動作就是發球。一般來說，先開球的人會佔得分優勢，開球可以決定局勢走向、速度節奏，以及許多壓倒性的致勝因素。

有很多時候，你會聽到有人這麼說：「我不知道我要說什麼？」如果不知道該說什麼，就沒有辦法開始一個話局。平常在練習說話的時候，就必須知道要怎樣去開始一段對話。

當你去跟客戶談生意，剛見面時，要說些什麼？

你要去提親，見到親家時，要說些什麼？

遇到一個喜歡的女孩，想要上前搭訕，你要說什麼？

這些都要準備的，不是隨便套公式就能夠把話說得好、說得漂亮。你必須找出自己的個人風格，而不是照本宣科，書上寫什麼你就說什麼。至於要怎麼講？隨便！但一定要有把球丟出去的方法。

舉例來說，不管學任何國家的語言，一開始都會教一些寒喧用的問候話語。你可以跟對方話家常，可以講天氣，可以講衣著、氣色，問對方吃飽了沒有，很多事情都可以提。

但是，這些開頭的問候也要拿捏分寸。要是你對第一次見到的陌生人，劈頭就問：「你每個月賺多少錢？」對方心裡當然會琢磨著，「你問這句話是什麼意思？」對於還不熟的人，問這種問題就太早了，這也是你要調整的地方。

俗話說：「見人說人話，見鬼說鬼話」，原本是用來形容說話油嘴滑舌、投機取巧、不夠誠懇的人；但在今日，這句話已被廣泛運用於說話的智慧與圓融。今天要跟誰見面、要說些什麼話，你得要有個準備，才不至於會遇到這種狀況：「糟了！我不知道該說些什麼哩……」

沒有充分的準備與練習，就算有最好的話題，也不知道該怎麼開口。見到不同類型的人都要馬上能夠講話，這是你要去練習的「開球」功夫。

2 救球

救球，若以說話的角度來看，就是幫對方「補話」，這又比開球的難度更高了。當對話出了一些問題，有人臉上顯得有些尷尬，就要有補救的措施。至於這個球是不是你開的其實並不重要，反正就是有人下不了台或無話可說。無論如何，你都要想辦法把它補起來。

補話，就是把前面那些講錯、不得體的話，或是方向偏掉的話給矯正回來。如果不知道現在是什麼狀況、該說什麼話，當然就沒有辦法去補話；不過，只要你有意願說話，總是勝過什麼都不講。多補一句話，就好比再多投一次球，進球的機會就會多一點。就算你心裡有千百個不願意，重複的話也說了很多次，只要有去救就一定有差，最後球會進洞得分的機會就會改變——當然，不是拿了球就亂投，還是要瞄準目標、全神貫注地去投。

然而，救球是相當辛苦的一件事，畢竟前面的話已經講錯了，誤會已經造成了，把對方給惹毛了。不過，就算再怎麼狼狽，還是得要把話給補回來。

「抱歉，我剛剛說的不是這個意思。我剛剛要說的是……」

「你剛剛聽到的是這樣，但是，我要表達的真正意思是……」

有很多時候，話講錯了就算了，沒有人想要去挽救它。可是，只要多補了一句話，常會

有預料之外的大逆轉。多講一句、少講一句，一來一往之間往往會差很多！反正只要有機會，就得趕快把話講出來，就算不盡人意，也總比輸個精光要來得好。

一個人是不是真的想把事情做好，是不是要把溝通建立起來，是不是真的想跟人家搏感情，是不是真的想要去幫助對方、服務對方，在這種補話的時間點上就是非常關鍵的考驗。如果你真的很在意，不管說這些話有多丟臉，想盡辦法都還是會去補救。那真的很不容易，可能會一直被人潑冷水，卻還是要一直補話，把場子給撐起來。

我個人認為，**一個人的人品究竟可不可信任，格調高不高尚，在這個時間點上可以一覽無遺。**一個好球員，在場上一定會奮不顧身地把球救起來，再難接的球也會用盡全力。這些救球的動作之所以感動人心，是因為那份心意證明了這個球員的品質。這是非常難能可貴的情操，也是一個人的水準。

你是否願意補話，挽救一個話局？這是生活上的修為。當你看到事態不對了，或是覺得還沒達到理想的結果，跟預期有點不一樣的時候，應該盡其所能的去彌補，在眾人認同的遊戲規則中去補救。

說話發生衝突、不對焦的情況，在人生裡經常會發生。補話的時候，難免會講得不好或

遇到挫折，你不需要花太多時間去辯解，但一定得趕快補話，有什麼沒講清楚的就得趕快講出來，把真正的意思傳達給對方了解。

「我希望讓你把這件事情做到好。」

「這個角色，只有你來擔當最適合。這是我剛剛要表達的意思。」

「我由衷的認為，讓你知道這件事情是非常重要的。」

講這些話的目的就是救球。補話是一門相當有價值的基本功，要把握最關鍵的時機。有些時候，只要你多補了一句話，就可以讓整個局勢轉向！

球是圓的，話也是活的；只要你願意救，一定還是有機會。若是什麼都不講，眼睜睜地看著球出界——在你不說話的那每一分、每一秒之間，成功的機會就這樣消逝了。

在補球、救球的觀念裡，你必須一直盯著目標，一旦方向不對就得使出渾身解數去補救，把它打到該去的地方。你說的每一句話，就是盡力去達成圓滿的狀態。

❸ 送球、護球

所謂的「送球」、「護球」，就是必須一路撐到底，必須照顧著這顆球讓它進洞得分，到比賽結束之前都不可以放棄，不能因為事情還沒做完就置之不理，放慢速度或怠忽隨便。

簡單來說，這是**運動家的精神**——輸贏是另外一回事，但一定要盡全力比到完。就算比賽必須延長時間，還是得要繼續下去，不能找個理由搪塞過去就不玩了。

那些職業選手為什麼讓人敬佩？是他們在場上所表現出來的運動家精神。不管有多累，狀況有多麼糟糕，都一定會撐到比賽結束。

講話就像是一場比賽。要是講到一半就跟對方說：「我不講了。」這會是什麼樣的情況？職業選手會因為看對手不順眼，就不比了嗎？冠軍賽比到一半，會因為肚子痛、手破了皮就退出比賽嗎？那些有運動精神的選手，就算抽筋、流血還是繼續上場，受了傷馬上急救，只要還能動，就要繼續比下去。這就是「送球」、「護球」的觀念——把話說到完，說到底。

要是把每一次的講話都當成比賽，你可以看到自己打了五十場球，幾乎有四十九場都是中途放棄，這種半途而廢的態度要如何成功？若以球場來說，就等於是球打到一半，然後喊著：「我不打了！」這不是很幼稚嗎？

然而，在日常生活當中，常會有這種幼稚的溝通情況。「不跟你講了！」然後就跑去睡覺。話沒講完就把門一關，再也不說話了；或是開會開到一半，人就跑了；跟別人約會到一

半，計程車一叫就走了。

要不要繼續講？話要怎麼講？就看你如何「送球」跟「護球」。球來了，你就得跑！球殺過來了，你得想辦法接，必須撐到比賽結束為止；而不是護球到一半就放棄了，這球不打了，直接送分給對方算了，要怎麼判就讓裁判去煩惱吧……這樣的心態很奇怪吧？

人跟人在一起，天天都在玩這個遊戲。照理說，大家都應該很開心地在玩才對，但有些人就是講一講就不講了，沒有「護球進洞」的觀念，想要打球又不好好打，隨時都可以拍拍屁股走人。這就是缺乏基本的禮貌。

你可以注意那些有禮貌、有訓練過的人，跟講話不成熟的人，到底差別在哪裡？有禮貌的人，只要話還沒講完，一定不會隨便離開。他會跟你把話講到底，講到他確定這些話已經講完了，同時也會把剛剛說的內容做一個結尾，有個圓滿的結束才會離開。相較來說，水準、格局較低的人，時常會擺出一副愛理不理的態度。

我們去一些店裡買東西，可以注意有責任感的店員或是老闆級的人物是怎麼說話的？即使你不開心，他一定會把話講完，講到讓你滿意才送你離開，絕對不會隨便說兩句，敷衍一下就掉頭離開了。

講話態度隨便的人是不可靠的。這種人談戀愛談到一半便會忽然離開，在婚姻中搞失蹤，工作到一半就曠職；你才一轉頭，他就叫計程車走了。這是很離譜、很幼稚的態度，也就是沒做到送球跟護球的基本動作。

不管在什麼情況下，一定要跟對方把話講到底，說話一定要有結果。如果你隨時都可以不打了，高興怎樣就怎樣，就是基本功沒練好，同時也給人沒禮貌的印象，以後誰還想跟你打球？

既然你要和別人一起玩遊戲、要和別人一起講話，就必須撐到底、講到完；就算這次沒講完，下次也要接著再繼續講。每一次的說話都要有始有終，從發球開始，到補球救球、送球護球，每一個動作都要做到徹底，不是隨隨便便就走人，這是很不文明的野蠻行為。要是你一天到晚都在幹這種事情，別人根本沒辦法跟你配合做事，你也沒辦法好好談戀愛，沒辦法交朋友，跟你在一起隨時都會開天窗。這種不負責任的態度，實在非常要不得。

說話必須有頭有尾，對人家要有個交代，要把話給講完，才會有繼續往來的機會，否則毫無信用可言，以後很難做人做事。要是人際關係不好，又怎麼快樂得起來呢？生活一定問題百出，是吧！

4 切入、融入

最後的一個基本動作，就是「切入」、「融入」。也就是說，說話的時候要有彈性，不能死硬的控制。

在某些場合，你會決定加入一場比賽——所謂的「融入」，就是要有「參與感」，跟這群隊友保持良好的默契。平常不管是打球臨時上陣，或是要加入遊戲一起玩、半路去幫助別人、朋友吵架要你去當和事佬，甚至是被老闆指派去跟另一個部門合作等等，這些狀況對你而言，就是「切入」。在這個時間點你要能夠融入，這是一種非常特別的技術。你必須快速地讓自己進入團體的狀況，你可以拉別人一把，也可以拉自己一把。

這有點像空降部隊，到了一個新的領域要馬上融入環境，這是一種可以練習的技巧。好比說，如果你的腸胃夠好，什麼稀奇古怪的食物都可以吃，也不容易吃壞肚子。如果腸胃不好，就會這個沒辦法吃，那個也不能吃，外出時會很麻煩。

有些人常會說：「他們一直在講，我沒有辦法跟他們一起講。」我們也常會看到一些比較不能面對團體的孩子，只能在一邊看著人家玩。他也很想去跟大家一起跳橡皮筋，可是他沒辦法融入，找不到機會切入，他甚至不敢說：「我也想跟你們一起玩。」其實，就只是那麼一句話，便可以進去跟大家一起玩了。可是他說不出口，就只能站在旁邊看著別人玩球，看人家在那邊追逐嬉鬧，彷彿自己被這個世界給遺忘了。

如果從小就已經是這樣，長大就更不必講了。看人家講話講了很久，或是派對開始了，他沒辦法切入，不能夠融入團體。舉個有趣的例子：有個女孩子本來要跟A先生約會，當她到了相約的場合，看到A先生正在跟B小姐講話，其實他們也只不過是不期而遇而已。看他們講得這麼投機，女孩心想：「算了，我走好了，要不然我可能變成他們的電燈泡。」

這是一個非常突兀的想法。不過，還有人真的這樣就放棄了，簡直是莫名奇妙。A先生不知道女孩來了，B小姐也不曉得有人在看著他們講話，至於他們在講些什麼、交流些什麼，女孩統統不曉得。女孩只是想：「哎呀，A先生不是應該跟我約會嗎？怎麼在跟B小姐講話？」還沒搞清楚狀況就離開了。這也表示，女孩不會切入也無法融入，這個基本動作是不及格的。

今天如果你是這個女孩，你該怎麼做？很簡單，你應該過去跟他們說話。

就算他們還在講，你也可以跟他們說：「哎呀，我來了！你們在聊些什麼啊？我跟你們一起講啊。」

或者是說：「好難得喔，怎麼會碰到面啊？」

「我是不是太早來了，有沒有約錯時間啊？我是來跟A先生見面的。B小姐要不要一起來啊？」

可以想辦法隨時參與融入，拉別人一把，也拉自己一把——所謂的「拉自己一把」，就是你要表態說：「我已經到了。」而不是站在一旁不能切入、融入，呆呆傻傻的就走了。至於「拉別人一把」，是指要給A先生台階下，對於B小姐也是很好的融入機會，如果不介意、不趕時間，可以一起喝咖啡或聊個天，增進彼此的感情。

有很多**沒有辦法融入的人，他在生命的歷程裡面只能當一個旁觀者**，看久了，看呆了，看傻了，人們也常誤會他，拿他沒辦法。

「你怎麼跟我約了，沒見到面就走了呢？」

「唉呀！我顧著跟人講話，沒看到你已經來了，跟你道歉。」

這都不是重點！就算別人跟你道歉，也補救不回這段錯誤，那些時間都已經過去了，情況也已經改變了。

有些人帶著籃球到了球場，看到場上沒有空的場地，就打道回府。難道不能夠融入嗎？

不能跟別人一起玩嗎？若是沒場地就離開，會錯失多少打球的機會呢？

切入、融入，是說話必須學會的一個基本動作。就算說了別人仍不讓你參與，只要能夠把話說出口，至少等於是給自己多一個機會。如果有本事融入，你就可以加入這個團體，可是，如果你沒有這樣的能耐，就永遠沒辦法參與任何遊戲。

這並不是有什麼特別的條件限制，而是誰都可以進入、出來。至於怎麼切入，就看你的技巧了——你能不能隨時拉自己一把，讓自己跳進去？你能不能夠隨時拉人一把，讓別人也一同參與？這是胸襟的問題。

前面提到的補話救球、護球、送球，這些都顯現出一個人的誠意與耐心、胸襟與格調。能把這些基本動作做得好的人，可以隨時開球，隨時願意幫別人補球、救球，不僅救自己的，也救別人的，然後一路送球護球到結束為止。當你參加宴會時，可以留意那些很有胸襟、很有水準的人，一定是有禮貌地跟在場每一個人都講到話，每一個人都不得罪，結束時一個一個道別送客。有些人則是只要客人還沒走，人在人情在，無論如何護球到底，這是一個人的原則與品格。

有些人很容易跟別人切入、融入，就算遇到不認識的人，也能夠展現出寬大的胸襟。

「你們跟我們一起吃嘛！來呀，留下來啊！」

「喝杯咖啡，等一下再走嘛！」

「大家一起走嘛，沒關係啊！這麼晚了，有個伴也比較好。」

這些並不是客套話，而是發自真心的邀請，也是一種切入、融入的方法。這並不代表你一定要去跟每個人示好，或是非得怎樣做不可，不是對錯的問題，而是一種能力。只要不能切入、融入，就表示基本功沒練好，也沒有能力去創造意境更高的藝術。換句話說，這是讓人生獲得快樂的一項工具。

你要把話說到堪稱「藝術」的程度，自然要有一定的水準。在生活中的快樂指數，跟他人在一起的人際關係，個人的享受與感動，都跟這些基本動作有密切的關聯。

一個能夠隨時開球、發球的人，到哪裡都能夠跟任何人講話，有話可以聊，就可以和對方建立關係。

一個會補話、會救球的人，大家都會很喜歡跟他在一起，只要有他在，不管什麼尷尬的場面都能被化解。

至於會送球、護球的人，總是可以感動身邊的朋友，他會讓你感覺路長情更長，不管路

途多麼遙遠，他一定會陪你一程——光是「陪」這個字，可就是不得了的功夫。

這章所提到的每一個基本動作都非常重要，也是讓說話達到藝術境界的「心法」。希望各位可以在這四個基本動作上頭下功夫，學會說話真正的精髓。

第 2 章

如何開始一場談話？

如何把握住說話的時機？

有些時候，你必須要主動搶話、搶時機，有些時候你要製造時機；要是講不下去就閉嘴，講得下去時就趕快多講一點話，這就是搶時機。

在某些狀況下，人家知道你要發言，要表示爭取的意思，你就得積極把握住說話時機，一有空檔便要插話，甚至在很難插話的狀態下，還是勉強把話給插進去，這個也是一種把握說話的時機。

雖然有機會就儘量講，但千萬不要當別人還在用心講的時候，你等不耐煩了，就把話硬搶過來，這是很沒禮貌的行為。但在某些時候，你必須主動表達有話要講的意思。人家或許會讓你講，你可能會搶到時機，對方話一停，你就可以把話接下去講，這樣就很自然，也就是所謂的「把握時機」！

把握時機是一種時間、速度、積極度的問題。就像搶球一樣，你得掌握這個時機讓發球權回到自己手上。如果你搶到球，一定要想辦法得分，要不然球在手上要幹嘛？要是你有話要講，不管只有五秒、十秒、或三分鐘，你都要把話給講好。

要把握住說話時機，必須先要知道自己要幹嘛。當你搶到說話權，不能佔著茅坑不拉屎，搶到了之後要講得好、講得突出、讓人印象深刻。

比方說，好不容易在電梯口上遇到你喜歡的女孩子，你可以說：「小姐，真高興在這兒碰到妳！」

你能講話的時間最多也不過十秒鐘，不要在那兒扭扭捏捏，大好時機就錯過了。你應該繼續對她說：「今天六點下班，我在一樓餐廳請妳喝咖啡，請妳務必賞臉，不見不散。」

那麼，這個時機掌握得好不好？好！因為你已經把話傳達出去了。她可能默認、她可能會回答，也可能不回答，至少你把這個時機給搶下來了，引起她的注意力。她可能沒預期有約會，搞不好就這樣多了一個機會，或許因為這個約會，你就有了一個老婆！

很多時候，老師會問：「有沒有什麼問題？」如果你有疑惑，應該趕快發問。但是你沒有準備，就算舉手，還是講不出話來，這不是很糗下不了台？

把握說話時機，就是在這個時間點上搶到發球權，你一定要發個好球、射籃得分，把分數給拿到；既然你要得分，平時就要有所準備。今天出門之前，會發生什麼事情都把它想過一次，如果發生了，應該怎麼辦？就算只是幻想也沒關係，平常就得找機會模擬練習——如果今天你遇到心愛的人，你要跟他講什麼？

今天突然有記者來訪，你要怎麼去應對？

突然有一個機會讓你發表意見，你該說些什麼？

今天會遇到一個大老闆，可能有一個工作機會，該怎麼說話呢？

所以，奉勸各位要訓練自己去告白，時機還沒到的時候，就要多加模擬這些狀況，練習應對的策略。當時機到了，就會很自然地講出來，講出來的話一定對焦——或許時間很短，一分鐘也夠定勝負了。

人生所有的轉機，往往就在這個時間點上。至於到底成敗如何，端看平常的準備是否充分。

如何讓寒喧令人感到窩心得體？

所謂的「寒喧」就是噓寒問暖。至於怎樣才能讓人覺得溫馨得體？這個問題當中，有一個非常重要的關鍵就是：你是跟誰在寒喧？

當你主導這個溝通關係，有心想把自己的感覺傳達給對方，就盡量做到你覺得「窩心得體」的狀態。但是，如果這不是對方要的，他感受不到，那你就等於是做白工，講再多都像花籃提水一樣。

所以，你必須知道對方到底需要什麼？你寒暄的對象，是哪一個鄰居？哪一個親戚？你必須要下點功夫去研究，到底他覺得窩心、溫馨的感覺是什麼？你必須做到他需要的、他想要的窩心得體，要對方感覺到才算數。

你爸爸要的窩心得體，跟你媽媽要的不會一樣，所以你對他們寒暄的方式也不一樣。這就是為什麼說話是一門藝術？面對不同的人，講話的內容、問話的方式、喜歡的條件跟想要說的話題，通通都不一樣。

有人說話的步調是比較慢的，有的人喜歡八卦一下，有的人則是必須正經八百、義正詞嚴地說話，他才會覺得有份量。當然，也有些人就是喜歡打情罵俏。換句話說，你要怎麼去說話，就得看眼前這個人的個性，決定怎樣才是他要的窩心得體。你要給對方的是什麼？你要創造出什麼樣的感覺？

窩心，是你可以控制的。對方想要什麼、需要什麼，你可以決定你要把話說得多窩心、多體貼。或者，你可以給他出乎意料的驚喜，不是他所要求的，而是一些屬於你個人風格所創造出來的窩心。

至於「得體」，就要跟對方有高度的對焦，因為**得體必須符合對方的標準**。最有趣的是，每一個人的感覺都是不一樣的——他希望得到怎樣的關心？以他現在的狀況，需要怎樣的體貼？可能他剛開完刀，希望多休息；還是剛退休，在家裡很無聊？還是他剛失戀，需要有人陪著說話？

好比去別人家要送禮，禮物可以很隆重，也可以很簡單。至於送什麼才會讓人窩心？送紅包？送橘子？還是送茶葉？這當中有很多的學問，不一定是錢的問題，而是對方能否感受到你的心意。你想給予對方的只是其中一部分，對方喜不喜歡才是最重要的。你可以先滿足對方的需要，再增添你想要給的東西，來個錦上添花的效果。

他喜歡綠色，就該給他綠色；他希望紅的，就給他紅的。他要的得體是八十分，那你給八十分就好，不必給到一百分，要不然他覺得你有故意奉承的意思，就弄巧成拙了。至於該怎麼給，就仰賴你的觀察力有多細微。

媽媽要的，你大概知道。有時候，可能只要一罐醋或是醬油，她就會很開心。至於爸爸

呢，可能問他棋下得怎樣？最近看了什麼好書？他就開心了。如果媽媽平常最討厭看書，你還很不識相地問她看了什麼書，就是哪壺不開提哪壺！不但不窩心，還非常不得體。

寒暄，也要看你跟對方的交情及感覺。如果你跟對方完全不熟，也觀察不出個所以然來，那就講講天氣，講講健康、飲食等等最基本的話題，任誰都可以聊，只要控制得好，多半都會得體。

至於窩心方面，如果你問得再深一點，再給予多一點的關切，聽聽對方說話的細節，抓到一些蛛絲馬跡去示意，對方就會覺得你挺窩心的。

如何打招呼，才可以讓別人留下深刻印象？

既然要給別人留下深刻的印象，就要有一些不同於平常的表情或動作，且要有你自己的風格。這跟自我介紹的情形是有點相似的，只是自我介紹通常是不認識的人，至於打招呼，多半應該是認識的人。

你要讓對方覺得你很高興見到他，看著對方的眼神要深邃一些。這確實不容易做到，有興趣的人可以參考《如何撒嬌》這本書。雖然我可以在這裡告訴你一些概念，可以描述出來怎麼做，但是你若要體會的話，如果沒練過，是真的很難理解，也很難做到。

這有點像是練拳，你問教練怎樣打出重拳？教練可能會跟你說：「腹肌要用力，腳步要站穩。」你照著教練說的做，打出的那一拳或許比隨便亂揮來得重些，但很難馬上揮出能擊倒敵手的重拳。這並不是簡單跟你說個幾句馬上就能學會的能力，而是長年累月累積下來的功力。如果沒那個功力，不管你怎麼用力，也打不出這麼重的拳。

打招呼要讓人印象深刻，光是眼神深邃這一點，就要有非常多的心意在裡頭。比如說，你要展現出可愛、很喜歡、關心的感覺，想是很容易，但就是表現不出來。導演叫演員馬上演出悲傷的感覺——悲傷還可以分成很多種不同的層次：是很淒涼呢？還是到了絕境？還是情感挽不回？還是再也不能動了？演員要去揣測，把導演想要的感覺演出來，當觀眾看到的時候，眼淚就流下來了。演員可能只是做出一個表情，但是那個表情讓所有看到的人印象深刻，難以忘懷。

有很多時候，我們看到電影或是雜誌裡的圖片讓人印象深刻，可能是某個人的表情或動作，或是某個很有渲染力的畫面，或僅僅是一句話。你不需要刻意去記台詞，而它就像烙印

一樣刻在心裡，因為那句話正中紅心，永遠都忘不了，這就是印象深刻。

平常打招呼的時候，就得讓人感覺你使出了渾身解數，只為了讓他留下深刻印象——尤其是不常見面的朋友。你們可能很久才能見一次面，或是現場不方便講話的場合。如何讓打招呼的熱情，讓他覺得你很有心？這些都是考驗你平常說話技巧的熟練度，怎麼去傳達出那麼深的感動與心意。

比方說，你在路上與舊情人不期而遇。你要怎麼讓對方覺得你還是很關心他，但是彼此之間的關係已不再是過去那樣？你不會跟他接吻，但還是可以給他一個擁抱，這個擁抱要表達出「這些年不見，我對你的關心依舊」，「我還是很在意你這個朋友」，而且還不能讓對方誤會——這就是一個表達的能力跟技巧，也是一種藝術的展現。

有些人是詞拙或是表情尷尬，所以當需要表達的時刻，他會講不出話來，或是該做的動作做不出來——因為平常沒有經過這樣的訓練。即使尷尬之情顯露於言表，你還是可以深刻地感覺到對方內心的熱情，只是他說不出來罷了。當你能夠察覺，就會印象深刻；只是這種感情不是表現在技巧上頭。

藝術之所以偉大，就看你有沒有這份心去表達。**你內心或許有那麼多的感情，但你有沒**

有這樣的企圖心去表達如此強烈的情感，讓對方留下深刻的印象？這就是你的心意。

溝通為什麼是一輩子的功課？因為表達的訓練，可以永無止境的進步；讓人印象深刻，正是一個很好的練習。你可以不斷去修練，最後就能隨心所欲的去表達內心擁有的感動與心意。你得打從心裡感覺你很高興見到他，你很開心可以跟他打招呼，而且要讓他感受到你很用心，這樣才能營造出打招呼真正的質感。

與人交談時，要注意哪些禮節？

這個問題牽涉到說話需要的一些基本條件。只要不符合這些條件，就會讓人家討厭你，認為你不禮貌了。這些基本條件包括認真、專心，說話必須注視對方，要聆聽對方說話，也得要瞭解他說什麼。如果聽了卻不了解，就會接不上話或答非所問。

「了解」是個人的能力與水準。有意思的是，如果你達不到這個境界，對方會覺得你不禮貌。換句話說，你除了要能夠聽懂對方的意思，回應還得要「對焦」。

所謂的「對焦」，就是他講的你能聽懂，而且還要精確地回應，不能搶先說話，或是太

慢才回應；不僅說話時機要對，而且也要得體。如果你老是聽不懂，一定不會得體。

說話的禮貌，並不是長官來就敬禮這麼簡單。如果長官問你話，你一句都答不出來，就表現不出什麼水準。也就是說，你遇到一個很有禮貌的人，當你跟他講話時，通常他都講得不錯。不一定是講什麼大道理，也不是特別謙卑或一直說恭維的話，而是你會覺得他的應對進退很得體。這讓你重新瞭解什麼是「禮貌」。

所以，真正的「禮貌」，並不是那麼簡單便能做到。如果你只是很規矩，卻沒有一些溝通上的基本功，說話只是很客氣，不敢違逆，這並不會讓人覺得你很有禮貌或是很得體，感覺反而像是個傭人，變成有階級高低之分而格格不入，對方也不會特別想跟你說些什麼。就算你講了很多，只要不符合基本條件，就沒戲唱了。這是很現實的。

說話的基本功不好，就是沒有禮貌。對方可能不會直接說你沒禮貌，表面上你似乎也沒得罪他，但重點是：你們也講不下去了。人家跟你講得不開心，話不投機，當然就提不上什麼禮貌了。

這些溝通的基本條件，你都要具備。只要缺了其中之一，就是不禮貌。如果你曾經遇過說話很得體或是很有禮貌的人，你跟他們講話就會觀察到，他們都有能力把這些溝通的基本功做得很好。

平常跟別人說話時，一定要注意前面提到的每一個細節，這些細節都是可以下苦功去練習的單元。就像學畫畫會先練習筆觸，學唱歌也要先從發聲開始練習，打好了基礎，才會有更進一步的課程。

在這裡，我只能簡單告訴你一些重點。這就像學期開始的課程表，裡面要練的東西很多，你得花力氣、花時間去把它練好。「禮貌」可不是簡單講個幾句話，從此以後就印象良好、一帆風順了，你心裡得要有數，禮貌包括說話的基本功，要練到好是一個長期的任務，每一個細節都要專心練過，才能讓說話的品質提升。

怎樣才能打開話匣子？

這個問題要朝兩個重點去說。第一個，就是找對話題；第二個，就是問對話。方向很簡單，卻很有得練。

找「對」的話題，就是觀察對方有興趣的領域，讓他可以滔滔不絕、侃侃而談。只要你

找到了，話匣子就打開了。

至於問對的話，就是在交談的時候，怎麼問話可以讓他繼續說下去？如果你問了他沒興趣的話，覺得無聊，就講不下去了。即使你找對了話題，如果沒有問出對的問題，就沒有繼續討論的空間；原本話匣子已經打開了，也會因為話不投機而關了起來。

所謂的打開話匣子，就是要能夠一直講下去。不一定是順著對方的話講，有時候你唱反調或是跟對方辯論，反而會讓話匣子停不下來，說個三天三夜都說不完。

要找對話題，你一定要對對方有興趣。有些時候，朋友之間的感情確實很好，但話匣子不一定打得開。找話題就像釣魚一樣，有時你必須坐在那裡等待，沒動靜也不能放棄。你要想辦法引魚兒上鉤，就要準備釣餌，專心地在那邊等待。若該處水域沒有魚，就得換個地方試試。

跟人家講話也是這樣。你可以問問某個話題，他有沒有興趣，觀察他的表情跟反應就知道了。如果他暫時還沒想到要說什麼，那就得再等一下；如果他表現出不喜歡的意思，就得換個話題繼續再試。只要找到有興趣的話題，對方可能來個一句「想當年，我……」，故事就開始了。

話匣子有很多種方向。男人常會聊到當兵的情況，或是以前年輕時怎麼去追女生，怎麼打架，怎麼去糗人家等等。女孩子則會聊到情人，聊些美妝、美食，或是一些八卦的事情等等。這些都是很不錯的話匣子。

至於對方要不要跟你說，有時也得看心情。有些人就是不想講，你也不能硬逼著他一定要說。你不能認為每個人都有過去的美好時光，所以就一直追問對方經歷過什麼事。簡單來說，這牽涉到問話的技巧，要是對方不願意說出口，你又一直苦苦相逼，就顯得自討沒趣了。如果你問得好，就可以繼續跟他討論，讓話匣子關不起來。

如何尋找交談的話題？

每個人跟別人講話的時候，總是想著要講些什麼，才能言之有物；找到對的話題，就等於是打開了話匣子，讓對方感到有興趣，不會覺得你這個人說話很乾澀，跟你相處很無聊，只能大眼瞪小眼，無話可說。

不管是陌生人或是熟悉的人，只要沒話講，就無法建立情感。就算關係親近如自己的爸

媽，如果彼此總是沒話題聊，媽媽每天只會煮飯給你吃，兩個人吃飯都沒說什麼話，很難培養出什麼情感。講不出話，是非常難受的。

「不講話」跟「有話講不出來」是不一樣的。之所以要找話題，是因為你不曉得要講什麼，所以平常就要有所準備，要多閱讀，要多學習，在尚未遇到問題之前未雨綢繆，碰到狀況時會比較自在，因為你已經學會了該怎麼去應付。

其實，可以聊的話題簡直多到說不完。這些話題很簡單，包括食衣住行，生活中各個面向，隨便找大概都有二十幾個，一個一個去跟對方聊一下，並觀察對方的反應。比方說，你跟對方打招呼說：「你好啊！今天天氣真是不錯。」天氣就是一個話題，可能光是天氣就可以聊上半小時。

準備多一點話題，不一定全部都會講到，至少有備無患。建議你先準備二十個話題——很多嗎？其實不會。講完了天氣，你可以講講時事，講看法，講八卦；也可以講吃飯，講健康，還可以講美食，講吃的藝術。光是吃什麼，就聊不完了。

工作，也是一個很好的話題。講到工作，如果你跟對方夠熟，就可以講到薪水如何，跟老闆、同事相處得怎樣？也可以談論公司制度，很多的小細節都可以拿出來聊。

生活中，還有更多可以講的範圍。你可以問對方怎麼上班，是開車呢，還是搭車？怎麼停車？當深入去問之後，就會知道很多事情，會知道哪些公車可以到什麼地方，哪些地方停車比較方便，你會得到很多的資訊。

當然，你也可以聊到個人哲學。比方說，你的價值觀是什麼？你怎麼理財的？你覺得人生最重要的目標是什麼？要是覺得這些話題太嚴肅，也可以講一些個人嗜好，像是你平常喜歡喝什麼？喝酒？喝咖啡？或是你只喝白開水的理由是什麼？喜不喜歡旅遊？平常做什麼消遣？怎麼打發時間？喜歡什麼音樂？

話題一打開後，就可以問一些更深入的細節。就像對方喜歡喝某種飲料，你可以問他為什麼？也可以問價錢，或是問他一個月花多少錢買飲料？有一些想法可以再探究下去。

除了生活上的資訊，你也可以講一些跟人有關的話題。比如問對方最近跟什麼朋友聯絡？有沒有認識新朋友？有沒有正在交往的女朋友（男朋友）？也可以談論結婚，談對於孩子的想法。爸媽希望你結婚嗎？要你生孩子嗎？生不生？生幾個？順著態勢，你也可以講講家庭與家人，談談兄弟姐妹，瞭解一下彼此家裡的狀況。

你看，這麼隨便講一講，就已經不只二十個話題了。這就是平常你要做的功課，要累積

的功夫。**你可以有一份自己專屬的查核表**，找找看哪些話題可以再研究得更深入些。

只要掌握得好，一個主題就講不完了。若是有些部份過於敏感，對方避而不談，那就該識相一點，趕快換下一個話題。所以，交談的話題簡直多得不得了，不是什麼難事。不管跟陌生人還是熟人都可以運用，而且永遠都講不完。

有些人老是把「沒話題」掛在嘴邊，這種話說出來會被人笑。其實不是沒話題，而是沒有認真去思考，沒有足夠的興趣，也沒有充分的準備。話題是永遠講不完的，只要有時間，什麼都可以天南地北地說下去。你最好練到看到什麼就能講什麼的水準，這是一種很實用的訓練。當然，你自己得要有這樣的興趣，每樣東西都可以談，而且可以談得很精闢，可以聊的範圍很廣闊。前面已經列舉超過二十個以上的話題，至少你應該知道可以講些什麼。

這只是基本的方向，至於細節的部份就得再深入研究，就好比拿一台顯微鏡去放大觀察，當你看到更多的東西之後，就有更多內容可以聊。生活中的所見所聞都是話題，不必擔心無話可說，除非你真的不用大腦在過日子。

第 3 章

遇到衝突的情況

要如何巧妙地應對羞辱自己的話？

被羞辱的情況，就像萬花筒一樣千變萬化。不一樣的人會做出不一樣的羞辱，面對不一樣的人也要有不一樣的回應，甚至他今天羞辱你跟明天羞辱你的心情、用意都不一樣！

這種問題，並不是你想怎麼應對就會有什麼結果。有時候，讓對方不斷地攻擊也是一種策略——可以消耗敵人的體力嘛！這是個人的經驗跟判斷，你可以決定這些話要怎麼回，這個遊戲要怎麼玩。

這裡給你的建議只是一個參考。你不一定非得照做不可，重點是怎樣去面對別人的各種狀況，然後把溝通藝術化，讓自己可以樂在其中，好好地享受這個過程。

1 能夠察覺

察覺是一種敏銳度。你要有能力判斷，先搞清楚對方的意圖。你必須知道對方說這句話的意思，了解你被對方羞辱了，這很重要。

以打棒球來說，當你站上打擊區，要先分辨投過來的球到底是好球還是壞球，才決定要

不要揮棒。看似一個簡單的基本動作，卻常常被忽略掉了！換句話說，有些人是被羞辱了還不曉得，更別說要如何去應對了。

❷ 能夠面對

當你被羞辱的時候，不可以有太多的情緒，像是突然暴跳如雷或淚流滿面等等。一旦被情緒影響，便沒有辦法理性地面對處理；就算處理了仍不會很得體，因為你不夠冷靜，你說話的水準會比平常糟糕，減低原本應該有的實力。

說話一定要讓思緒保持清晰。這種能力不是與生俱來，一定是靠後天練習。這就像打仗一樣，沒經過訓練的新兵一聽到炮轟，見到敵人像見到兇神惡煞，已經嚇到腿軟尿褲子，還要打什麼仗呢？所以，你要能夠知道這些會影響自己的事情，而且要能夠去面對它、克服它，直到自己不受影響為止。這是很重要的能力。

當你能夠清楚地知道發生什麼事，才有辦法決定如何面對它——「面對」並不表示你同意或是有所評判，而是你能夠知道自己要去接受並經歷這個狀態。

我非常注重「面對」的基本功，因為一般人在平常說話時並不是這麼想的！大家在想的

是「話術」，趕快想個辦法去應對。以打仗來說，就是敵人來了就趕快打回去。然而，以專業角度或是具備深厚基礎的人，並不是這樣想的。既然你已經準備要接招了，在心境上是冷靜的，是清醒的，你正在跟環境融為一體，也很清楚接下來要做什麼事、該說什麼話。

先把自己穩住，讓自己處於隨時可以出招的心境上，這就是一種「面對」。如果你的心境是處於狀況外，或者並不打算接受被羞辱的這件事，你就會被攻擊到體無完膚，而且處於任人宰割的被動位置。

以球類比賽來說，球殺過來了，你要嘛就躲、要嘛就接，不管怎樣你都應該要有一個應對方式，去迎接這個事實。如果你不接受，在那兒很生氣、很緊張或是想別的事情，這顆球大概再過千分之一秒要打到你的臉上了！

別以為「接受」就是要被羞辱了，要開始倒楣了，好像接受它就等於中彈一樣，不是這樣。你接受它，是因為你知道對方朝你開槍了，接下來就得換你行動。你得接受他對你開槍的事實，並不代表你就要中彈，也不代表你會非輸不可。認真地經歷這個時刻，你才能感受接下來發生的事，也才有辦法去處理這些事情。

3 有所回應

說話是一種溝通，要接受到對方的意圖。如果你不打算溝通，大可以裝聾作啞，甚至與這個世界隔絕，不跟人在一起最好。既然要溝通就得有所互動，要回應示意對方，表示你聽到了。

不過，既然被人羞辱了，該回應些什麼呢？

所謂的回應，並不代表接受、也不代表你同意或不同意。既然子彈射過來了，你要想的是該往哪個方向閃避？投手丟了球過來，你得決定要不要揮棒——有時候要跟對方玩心理戰，好球也可以選擇不揮棒。而就算是壞球仍是可以揮棒，有時候甚至歪打正著，非常巧妙地擊出安打呢！這些都要靠判斷做出回應。

所謂的回應，就是你決定揮棒或不揮棒的動作。人家羞辱你，你還是可以有很多種回應。

「謝謝你的汙辱。」

「看不出來，你羞辱人還挺有一套的。」

「罵得好！我確實沒做好，沒能贏得你的尊重，是我的問題。」

回應有各式各樣的可能性，只是要看當時的情況，還有你自己的決定如何，要怎樣來進

行回擊，或是怎樣扮演被攻擊的角色，如何安排這場話局。

不一定被羞辱就身處下風，人家羞辱你也不見得就是不好，有很多種狀況都可以起死回生，可以借力使力甚至反敗為勝。可能因為他羞辱了你，等一下你就有機會簽下夢寐以求的合約，你就贏了這一局也不一定。結果究竟如何，很難說的。

至於該如何去回應羞辱，需要相當高的智慧。比方說，你想要罵回去，光是罵回去都有很多種可能。有些人可能被你罵了之後會感到害怕不安；也有些人則是被你回罵之後，反而會覺得很開心呢！所以，對於羞辱的回應並沒有一定的規則，要看看對方是怎樣的人、當下的局勢是怎樣的情況。

❹ 為自己站台，保護自己

如果你覺得被羞辱也無所謂，可以跟對方說：「哈哈！沒關係，真是罵得太好了！我這種爛人就是需要這樣的羞辱呢。」

就算是這麼說，也是很好的一種站台方式。你藉著對方的羞辱順水推舟自我解嘲了一番，也給對方一個良好的回應。

你也可以跟他說：「會讓你有這樣的看法，確實是出乎我意料之外，我只能說是造化弄人吧。」

「謝謝你的指教。不過，這件事在水落石出之前，我不予置評。」

「我仰不愧於天，俯不怍於地。人在做，天在看，我相信總有一天，上蒼會還我一個公道。」

「或許在你的眼裡，我這個人沒有什麼價值。不過，不管你怎麼羞辱我，我還是有我的堅持。」

「你覺得我這樣做很羞恥，不過對我來說，這是我的決定。你可以有你的看法，我的命運也是我自己決定的。」

你可以對自己發表一番言論。不管對方怎麼羞辱、嘲諷，你還是可以表達自己的看法。就算身邊所有的人都不支持，你還是可以為自己站台，還是可以決定你要做的事情。**當你講出自己想講的話，表白自己的立場，這個事件就等於在這裡結束了，然後就到另外一個新的話局了。**

該怎麼為自己站台？就像電影寫的劇本一樣。講得好，一句話就足夠了，讓人拍案叫絕；講得不好，讓人覺得你有夠孬種，或覺得這是一場爛仗？別人有什麼印象，是基本功練得多紮實的問題。

以上這些技巧，可以運用在不同的狀況。說話遇到各種問題時，多數人仍過於著重所謂的「訣竅」，而忽略了最基本的部分。我只是希望提醒你，每個狀況都有不一樣的處理角度，答案也不是那麼死板。能夠融會貫通這些概念，就會有多元的應對方式，來處理環境當中那些讓人感到不安、不愉快的情況。

反駁對方時，需要注意什麼事情？

當你要反駁時，要先注意對方能夠承受的程度到哪兒？如果你想讓他氣死也無所謂，那就另當別論。若還要跟他做朋友呢？反駁得太過火，翻臉了，嚴重一點就鬧僵了，以後他再也不跟你說話。

所以，反駁對方的時候，要衡量對方的承受力、反駁的力道、後面若搞僵了要怎麼處理，這些都要先想清楚。想好了，就照你原來估計的力道去反駁他。若他能受得了最好，你就

繼續跟他辯到底。當你決定要反駁的時候，一定要有自己的立場，必須知道怎樣可以站得住腳，講出來的話是否合情、合理、合法，否則到最後搞死的人是你自己，場面也不是很好看。

辯駁這種事情就像戰爭、像打架、像決鬥，只是靠的是嘴巴而已，但還是有輸贏。你的火力有多強，就看說話功力有多高，你的論點能不能讓人覺得言之有理、心服口服？或只是在翻臉洩恨，讓人覺得不上道，人家根本就不想跟你講話？最好可以再給出多一些的舉證，讓講出來的話更有說服力。

另外一個重點，就是反駁完之後要能夠收尾。

收尾有兩種。一種就是雙方爭辯之後的處理方法，這套方式要能讓人心服口服，也就是說，你必須要有一套可以讓雙方下台的方法，但做不到時就會一翻兩瞪眼，甚至從此分道揚鑣，最好要有心理準備。

另外一種收尾，就是在反駁完之後，不管過程中彼此有再大的情緒反應，爭論過程再激烈，還是要把話給講清楚，當反駁之後要收尾，那些難聽的話就不要再講下去了。

你必須讓對方知道，自己對於這件事是沒有惡意或刻意要跟他結怨、結仇的。你就是把自己不認同的部分講完，結束之後，大家應該仍要和平共處。這有點像是兄弟過招，點到為止，不要明天又找人來挾怨報復。所以，你不僅要處理自己的情緒，也要處理對方的情緒，雙方把話通通講明白，不要為了逞一時之快而爭個你死我活，爭辯到最後反目成仇，這種態度就很糟糕。

最後，請切記一個重點：不要為了反駁而反駁。你要知道這些話說出去之後會發生什麼事情，有什麼建設性。人生說話也不過是為了樂趣、為了愛、為了了解、為了活下去罷了，若為了逞一時之快，反駁之後把人生都毀了，搞不清楚為什麼要說這些話了，不是很愚蠢嗎？

如何不受到對方挑釁的影響？

我常會把說話視為一門藝術，卻也可以用「過招」來形容它，完全看你怎麼去看待它。說話是文明人的武器，只是你拿的不是刀槍，而是靠一張嘴，有著各式各樣的方法去解決問題。

從這裡，**你得知道「挑釁」後面的意思是什麼**。如果以打架來說，就是對方故意丟給你

一個陷阱，因為他想要引誘你生氣或是亂出招，然後找出破綻將你摶倒；以打球來說，就像是故意使出一些假動作，或是故意罵髒話影響你的情緒。

或許，「挑釁」還有其他的目的，但歸根究柢，挑釁者的意圖就是要讓你不能集中精神，要讓你輸、要你好看；所以運用各種方式挑撥你的情緒，要讓你受到影響，這就是他的基本心態。

那麼，遇到這種人該怎樣應付呢？你要先穩定自己的情緒。這就好比你看到人家伸出腳要將你絆倒，目的就是要讓你難堪出糗，沒辦法做好原本要做的事。在這種情況下，既然你知道危險要來了，如何才能不受影響，表現出正常的水準？只要你生氣了，那就等於正中對方下懷，他的挑釁就成功了！

挑釁會不會成功，就要看哪一方的功力深。以打籃球為例，只要你的基本功夠紮實，不管傳球、投籃對方都守不住，即使對手不斷地阻擋、搞小動作或對你罵髒話，只要你臨危不亂，找到空隙還是可以把球投進去。至於怎麼做到呢？老話一句，只能靠練習了。

你要了解對方為什麼會講這句話刺激你？受到對方挑釁之後會發生什麼事？要怎樣不受影響，還能適當地回應？之後就是純粹的練習，也是平常在講的「功力」。不管是跳舞、格鬥、舞台表演、運動比賽，全都在看你是否能夠臨危不亂，不管人家怎麼謾罵、挑釁，你都不會生氣。

情緒波動的問題，可以仰賴平常的練習去克服，同樣的事情發生了許多次之後，你總是能夠比較平靜地去接受，為什麼有些人做得到，有人卻不行？這些能做到的人，都是經過千百次的磨練。

就像那些最卑劣的髒話，只要你一直聽，聽到後來就不會覺得那麼骯髒齷齪了，也不會再受到這些話的影響了。有些人喜歡嘲笑你，你就繼續聽下去，聽到後來沒什麼特別的感覺了，自然就影響不了你。當然，在生活中各方面的胸襟、氣度也要不斷地提升，才能夠愈來愈不受影響。當你看穿對方的意圖，明白他到底在幹嘛之後，就不會再任人隨意擺布，也不會讓自己陷在這樣的局勢裡。

不受別人影響的方法，就是在生活裡多做事、多體驗，提高自己的層次與水準。漸漸地，你會發現別人其實是影響不了你的——你可以決定自己不被影響，這件事就不會發生。

怎樣罵人，還可以讓對方覺得被罵很爽、很舒服？

這個問題確實是滿有趣的。每個人都怕被罵，那麼今天換你要罵人了，有幾個基本功一定要具備。

第一，當你罵人的時候，講出來的話要有道理，不是像個瘋子一樣胡亂發洩情緒，沒道理的話就不必講了。

第二，你並沒有抱著恨意，或是想要打死他、羞辱他、看不起他、讓他抬不起頭來的負面想法。拿掉這些心態之後，別人的感覺就不一樣了。

有一種罵人的方式，是把人罵到賤、罵到抬不起頭來，目的是讓對方尊嚴掃地，這種「罵」就會讓人記仇，心懷恨意。可是，如果你罵人純粹是對事不對人，你覺得這件事情不應該發生，你說話的目的不是為了要攻擊對方，不是要讓他丟臉，甚至對方可以感受到你要他進步的心意，或是你希望把他心裡的障礙拔除掉，希望他有所領悟，對方就會感覺被關愛到。

罵人最後會發生什麼結果，決定在於「意圖」。文詞上的用字並沒有多大的意義，就像一些三字經或粗俗低級的話，就只是情緒上的發洩而已，若是事情沒有被解決，就算你罵得很用力，也不會覺得很痛快。

罵人要讓對方爽，就不是以侮辱他、讓他丟臉或是證明你是對的作為出發點。你罵他，是因為你真的很在意他，因為你愛他，希望他改過來，你看到一些事情他沒做好，因為這件事情對你來說很重要，所以你必須很大聲、很強烈地表示自己很在意，然後告訴對方理由為何。你「罵」的出發點是為了幫助他，若要對方覺得痛快，最重要的是他也能夠認同。

如果你罵了人，人家不領情，旁邊聽到的人一定會覺得你在發神經，你就等於是故意找碴了。如果你罵了之後讓對方覺得言之有理，他也察覺自己確實有問題，他也不希望自己真的這麼糟糕。只要他的想法跟你是同一個方向，這樣的「罵」，就會達到「了解」的作用。

在罵人之前，你得知道一件事：今天你會罵他，是為了要一起進步成長；你罵他，為的是讓他的生活更好、讓人們更喜歡他、事情做得更好、更成熟、更懂事。在這種情況之下，被罵的人就會覺得很爽——因為你講的是真心話，你是燃燒自己的生命在幫助彼此的未來。

如果對方感受到了你的心意，而且你要他修正的方向也是他覺得有必要的，即使被罵了又何妨？決定要罵人並不是容易的事，而且還要罵對地方，就像把身上的膿瘡挖掉、把難受

的地方治好、把走位的骨骼正位一般，過程確實很痛，但是矯正之後的感覺還滿爽的！你知道他做的事是對的，忍耐一下就過去了，那些不舒服的地方又恢復正常了。

有些時候，你以為人家在「罵」你，其實並不是。真正的「罵」，是完全的評估貶低，完全不是為了你好，而是希望你去死、永世不得超生，而且用的是不人道的話，這種發洩情緒的說話方式才叫「罵」。

不過，要讓人覺得被罵很爽，其實就已經不是「罵」了，只是說話用很嚴厲的言詞，看起來好像張牙舞爪、面目可憎，內容又非常地嚴肅，好像很有敵意的樣子，其實這只是表達的一種方式。他所採用的語調、情緒、張力很強烈，灌注這麼多的體力與精神。這跟要罵人罵到去死其實是兩碼子事，也是「瘋子」跟「戰士」之間的差別。

話怎麼說，會讓別人不原諒你都難？

這個問題並不是非常容易回答。有些人比較宅心仁厚，要得到他的諒解比較容易。但也有一些人，不管你怎麼說都是沒機會的，他恨不得剝你的皮、啃你的骨，不把你殺了就不錯了，又如何去奢求對方的原諒呢？

但是，若以說話的角度來看，該怎麼說才會讓人不原諒你都難呢？有一個很簡單的公式。如果你能夠清楚了解在對方的思維中，認為你錯在哪裡，你能夠反省認錯之外，也願意徹底改過自新，被原諒的機會就會高很多。

有很多人都希望得到別人的諒解。但**別人很難原諒他的原因，是因為看到這個人絕對不會改**——就算他嘴上認錯，但沒有改變的希望，人家無法信任，當然不會選擇原諒。

如果你連一點道歉的誠意都沒有，即使你知道自己錯了，可是還是想要唬唬人、耍賴皮，對方絕不可能會原諒你。

要是你一直道歉，可是你根本看不到自己錯在哪裏，只是表面上客套地說一些安撫對方情緒的話，這些話根本沒什麼用，因為你不明白人家為什麼生氣，也不會改。

想要得到別人的原諒，首先得要了解人家為什麼覺得你是錯的，為什麼討厭你這樣做。你必須百分之百知道對方在氣什麼、不高興什麼、不能夠原諒什麼，如果你只掌握到百分之八十，人家還是不會原諒你。

所以，你必須抓到百分之百的衝突點，然後把所知道的「為什麼他認為你是錯的」部份

全部都講出來，可以了解你做這件事讓對方有多討厭、多難受、多可惡、多麼地不可原諒等等。

當你全部把它示意完了之後，第二步重點來了：你必須承認你做的這些是錯的。你要讓對方曉得，你跟他有一模一樣的看法，而且你認知的程度要跟對方相同。若以地震作為比喻，他認為這是三點五級，你就要用三點五級的道歉方式；他認為這是八點八級，你就要用八點八級的道歉，雙方認知的級數、強度要一樣才會對焦，才能平息別人的不滿。

第三步，你要告訴對方，自己會怎樣改進，讓這件事情不再發生。換句話說，你必須提出解決方案，而且要有突破性的進步，讓對方感受到你真的想要改過來的決心，讓人相信你真的會徹底努力，拚命去改。

第四步，你得告訴他你會做什麼事來賠償對方，怎樣把這個過錯彌補起來。你該做的不只是悉數奉還，你應該要加倍，或許是三倍、五倍甚至是十倍，顯示你的誠意，彌補到一個對方很滿意，而且超過他能夠滿意的程度。當然，你這麼做的交換條件，就是希望他能夠原諒你。

如果能夠做到以上四點，只要不是過於刁難的人，能夠了解你的誠意，通常都會選擇原諒，就可以救回你的一條小命啦！除非是一些特殊狀況讓人家沒辦法相信你，或是講的一點誠意都沒有，好像只想唬弄人、敷衍了事，甚至故意拿出「拖」字訣，讓時間沖淡一切，當然就無法達到圓滿的程度了。

如何去糾正別人的錯誤？

每個人都受不了別人的問題跟錯誤。只要別人有問題，就會有一種想要去糾正的衝動，即使自己不是很厲害，還是很想表達意見；即使自己的想法不見得正確，還是想要去糾正別人。

我的建議是：最好不要去糾正別人的錯誤。為什麼？你不是專家，你也不是他的爸媽或老闆；最重要的一點是：別人並沒有要求你糾正他！如果人家要求你給他一些指點，你站出來說句話，還有一些道理。因為我們不會去說人家不想聽的話，不做別人不願意接受的事，是不是？

所以，千萬不要去糾正別人——除非他要求你、拜託你，希望你能夠給出一點意見。就

算是那個時候，還得看對方是不是真心的，要是給了意見以後就翻臉，那還是算了吧。

你得曉得一件事：**當你要去糾正別人的時候，也要經過人家的同意。**其次，當要糾正對方時，你必須很有把握，知道你說出口的內容一定是正面的，是有效的，對他是好的、健康的、生存的。如果沒有把握，千萬不要隨便說出口。你把話講出去之後就得負責，要是後面的爭辯多過於反省，破壞多過於建設，他的錯誤可能會因為你的糾正之後，反而錯得更離譜。如果你不能保證後面的結果，最好不要去做這件吃力不討好的事。

在溝通裡，我們得要負責別人有沒有聽懂自己所說的話，聽了之後有什麼感想？會有什麼後果？如果你沒有辦法預測會發生什麼後果，你不能控制、不能負責，最好不要隨便去糾正別人，不僅棘手且多此一舉，甚至後果不堪設想。

把糾正別人的力氣拿來檢視自己的問題，想辦法把這些錯誤修正回來，才是人生應該努力的方向。切記：永遠改正自己，不要去糾正別人。把箭頭指向自己，那些影響人際關係的問題拿掉之後，說話的效果也會相當不一樣。

第 4 章

化解尷尬的場合

如何化解尷尬的場合？

不管遇到多麼尷尬的場面，只要繼續講話就行了，而且要講得自然、得體。如果一句話都不講，就只會愈來愈尷尬；講出不得體的話，就等於是火上加油。你也不必想著要講出什麼特別的話，只要內容很正常，繼續講下去便可，尷尬氣氛就會隨著這些話語而漸漸化解開來。

這就好像在打架當中，沒有什麼陷入僵局的問題，只要出手就是繼續，這就是最好的化解之道。**要化解尷尬就得繼續講話，至於該講些什麼話，並不是真的那麼重要。**重點是你講話的態度、心情、活力，以及說話給人的感覺，將是引導尷尬氣氛轉變的因子。

如果你很幽默，講話充滿活力，情緒也相當高昂，尷尬的氛圍就能快一些被化解。如果你的能耐比較不夠，化解速度就會慢一點。要是你的情緒非常低落，態度冷冰冰的，有可能化解尷尬嗎？根本就是雪上加霜。

講話是唯一能夠化解尷尬的方式，至於最後會變成什麼結果，就看各人的風格與功力。你可以把尷尬場面變得很詭異，也可以讓它感覺毛骨悚然，可以讓它感覺很好笑、很有趣，

就看你注入的能量有多高，是負面情緒還是正面情緒。不管用哪一種方法，就是平和地講、保持開心地講；就算真的開心不起來，只要好好地講、慢慢地講，都會有加分效果。

講得好，加分就多，尷尬化解的速度就快；講得不好，化解就慢一點，不過最終仍是會化解。持續說話的功力，平時就得要用心練習才行。

交談中遇到瓶頸，話不投機時，該怎麼辦？

「話不投機」跟「遇到瓶頸」是不一樣的事。兩個人就算聊得很開心，也可能會遇到瓶頸。如果是話不投機，再聊也沒什麼意思，努力講也不會有什麼好結果，那就只好停止話局了！

此外，如果說話的兩個人都希望突破瓶頸，其實方法也很簡單：回去做功課。有了準備再來繼續講，結果就會不一樣。有道是「巧婦難為無米之炊」，如果已經沒料了，再怎麼煮也不會變好吃，回去準備一些料，要擺一桌豐盛的菜色就不難了嘛！

至於「話不投機」，以做菜的例子來說，就是對方覺得這道菜不好吃。要是煮不好是技

術的問題，就只好多多練習了，別無他法。然而，不管是遇到瓶頸還是話不投機，都可以藉由暫停一陣子，多做一些準備的功課，彼此不斷地進步成長，下次見面又有東西可以講，讓說話不順暢的情況扭轉過來。

說話投機是可以學的。要是兩個人的胸襟、水準不一樣，或是個性截然不同、價值觀不一樣，也不一定要講得太深入，點到為止就好了。若是兩個人都有心繼續保持友誼，那就一起攜手進步，多多交流，必有後福！

話題卡住了，要怎麼切換話題才自然？

轉換話題是否自然，要看你自己尷不尷尬，還有你跟對方的關係、彼此覺得舒適的程度到哪裡。話題卡住是說話當中時常會發生的事，卡住就卡住了，換個話題就過去了。**切換的方式不是重點，若還有什麼話就繼續講，大不了就重新再講；若真的沒話講了，也就不必刻意再繼續說下去了。**

既然話題卡住了，重點是仍要處之泰然，覺得很大方、很自在，不會覺得尷尬。如果你

不會緊張、難為情，其實話題卡住根本沒什麼大不了。就算是平常說話，難免也會講到有點晃神、有些失誤、不是很專心的情況。卡住了可以重新再講，不然就換個話題，或是跟對方說：現在來做點別的事情吧。

當你在開車時，忽然發現前面正在修路，怎麼辦？這沒有什麼好覺得尷尬的，就只是遇到了一個交通狀況，想辦法再走便是。如果紅綠燈壞了，你總不會一直停在那兒，等到紅綠燈修好再走，對吧？遇到了塞車，你也不可能硬踩油門殺出一條血路，是不是？

路，還是得要繼續走，至於該停的時候，你還是得先停下來。話題卡住了，你不需要覺得尷尬，或歸咎一定是自己的問題。你可以順水推舟一下，讓它船過水無痕，最要緊的是你要能夠自然面對。

「自然」兩個字，講起來似乎很簡單，實際上真的有那麼容易嗎？該怎麼樣才能夠保持自然呢？這就是你的功力啦！只要平常訓練得夠紮實，說話就會很自然，就算說錯話也能夠面不改色，很自然地把這些不順的障礙化解掉。當你常常練習話題卡住的這種情況，練多了，就見怪不怪了。

這種水準的提升都是來自練習。你希望強化自己哪方面的說話能力，就去把這個問題給

擴大，把它延伸至能想像的任何可能性，然後把逐字稿寫下來，一字一句針對這些問題進行訓練。

就好比說，你的左手腕力比較弱，比較不靈活，就要想辦法把左手練到跟右手一樣靈巧。如果左手練多了，甚至會強過右手的表現。這些狀態並非不可能，而是要靠練習去改變的。要把話題卡住的尷尬狀況變成自然，平常你就得一直練習；練到你覺得舒適了，遇到這些關鍵時刻，就有機會表現自然了。

一群人交談中，有人開啟了一個爛話題，要怎麼化解？

怎樣的話題才算是「爛話題」？例如講出來讓大家很尷尬，或者是哪壺不開提哪壺，講了不該講的事情；或是這一個話題會讓大家不愉快、情緒低落等等，反正就是講出來之後，大家都覺得很白目，希望他能夠閉嘴。

那麼，出現了這樣的話題該怎麼辦呢？下面提出幾個化解的方法。

1 開門見山

所謂的「開門見山」，就是直接停止。

既然這個話題很糟糕，在場大多數的人都覺得沒什麼好講的，你可以直接表明態度取得大家同意，然後讓它結束。

「不要講這個了吧！大家都知道這沒什麼好討論的，我們就結束了吧。」這是個最簡單，也是最直接的方法。

2 四兩撥千金

這是具有技巧性的開啟另一個話題，巧妙地把焦點移開，讓別人很自然地附和你。

原本的話題很爛，大家都不喜歡提到那個內容，現場就像烏煙瘴氣的密室一樣，大家都想奪門而出。你必須見風轉舵，講些有意思的話題，只要另一個話題開得好，在場的人見到有另一扇門打開了，一定會鬆一口氣；既然有人提別的事情了，大夥兒也會自動轉移話題。

如此一來，不僅說錯話的人有台階下，所有的人也像大旱逢甘霖一般，皆大歡喜。

❸ 結束並轉移

簡單來說，這個方法必須巧妙地結合前面兩項，明確地結束並快速轉移。只要在場大部分的人都很有水準，非常文明，便可以很清楚的結束這個話題。

你不必特別表明這個話題有什麼問題。可以這麼說：「這個部份我們已經講過了，大家還有沒有什麼要補充的？若沒有，現在來講別的吧。」

這是一個講話的技巧，不過，也得要看場合、看情形、看在場的是哪些人。對於有些搞不清楚狀況的人，你可以直接表達這個話題沒什麼好談，就此打住。有些人要有台階下，你就得找個方式巧妙地轉移話題。一般來說，不會有很大的問題，除非有人堅持要再講下去，你就可以明確要求停止這個話題，再找別的事情繼續談下去。

這三種方法都要學會。你要判斷哪一種方式是大家比較能夠接受的，就用那樣的方式去化解。這三種方式都非常直接簡單，多找機會練習，就有辦法順利去化解尷尬了。

有些話不多的朋友，常會陷入冷場，要怎麼應對才好？

遇到這種狀況時，也不是一定要幫他講話、幫他暖場。你得知道，他不是一定非講不可嘛！既然他讓話局陷入冷場，你希望要怎樣做？如果是你自己不喜歡這樣的冷場，那麼，你就要幫他把話補滿。

不過，這是相當吃力不討好的事，有些時候話沒講好，還會幫倒忙。如果你不幫他說這麼多的話，就只能跟他一起陷入冷場了，就算你好不容易讓話局熱了起來，最後他講不到幾句話，還是一樣會冷場。

你想要讓場子熱起來，不希望朋友過於難堪，也得看看自己有沒有本事充當這種「善心人士」。如果你有辦法補救，幫他熱一下場子倒是無所謂。如果不行的話，反正大家都一樣處在冷場裡，沒辦法，暫時就只能這樣，也不必覺得冷場很糟糕。

如何化解身邊有人酒後亂說話的尷尬？

你覺得有人酒後亂說話很尷尬，別人可能不這麼認為，換句話說，這是見仁見智的問題。會覺得尷尬是你自己的問題，你得要先解決自己的問題，畢竟你也管不了他要說什麼。既然他喝酒之後就變成這副德性，你要嘛就不跟他在一起，若要在一起，就得承受這樣的情形。丟臉的人是他，不是你，沒有什麼好覺得尷尬的。

如果你覺得這種情況讓你非常不舒服，你無法接受這種三杯黃湯下肚後就會失態的人，就不要跟他在一起，也不必非要解決不可。這些尷尬的感覺，只不過是你自己心裡過不去的障礙，如果你覺得很尷尬，也沒有任何人幫得了你。趕快讓自己進步成長，面對這種情況便會大有幫助。

言語失誤時，要怎麼樣自圓其說，才不會讓人討厭？

人非聖賢，平常說話失誤是在所難免的。既然錯誤發生了，要先看看這些話造成了什麼樣的狀況。

如果只是話講得不好，像是措詞不當、口吃、口頭禪或是發音出錯之類的失誤，跟把事實扭曲的情形是不一樣的。話講得不好，只需要直接道歉說：「不好意思，剛講錯了，我重新再講一次。」若無傷大雅，大部份的人都會原諒你。

但是，你也要知道問題在哪裡，不要等到別人告訴你成語用錯了，你還一直辯解說：「哪有？這個成語是這個意思……」原本對方是一番好意，目地是讓你的話不會被人誤解，最後卻變成在爭論那個成語應該怎麼用，甚至還去翻字典證明自己是對的，這種強辯的態度就會讓人討厭。

人家提出指正，不管對不對，你都應該心存感激。人家願意提出來是一份好意，他願意讓你看見錯誤的地方，就等於是免費的學習，表示你得到了進步的機會。既然說錯了話，趕快認錯就不會讓人家討厭。

另外一種錯誤，是顛倒善惡、敵我不分、扭曲事實的狀況，讓人覺得你說這句話是不是神智不清，腦袋打結了？比方說，你正在跟一群朋友討論某一場經典球賽，你卻突然冒出一句話：「這場比賽不看也罷。」讓在場所有的人都感到很突兀。

再舉兩個例子。你有了外遇，老婆正在質問你為什麼會這麼做，你說：「我犯了全天下男人都會犯的錯。」

有一天，你在路上晨跑，遇到一個鄰居。你本來應該跟他打招呼說：「早安！」但不曉得哪根筋不對，你竟然對著他說：「拜拜！」

說話的時候常會發生這種情形，特別是嘴巴說話跟腦袋思考的速度不同步時，便會發生這種失誤。那麼，怎樣的自圓其說才不會讓人討厭？最好的方法，就是直接認錯，跟對方道個歉：「不好意思，剛剛講錯了。」這樣就行了。

你說錯了話，別人或許會糗你一下，或是故意搬弄是非攻擊你。不管他要戲弄你、調侃你，此時的你都只能照單全收，把這些都吞下去，因為說錯話的人是你，你得要大方承認，道個歉，跟人家認錯。大丈夫敢作敢當，只要你誠意做出來了，其實人家是不會對你感到那麼討厭的。

一般來說，最讓人討厭的原因就是太好辯——明明已經說錯話，死不認錯也就算了，還一直講一些莫名其妙的話強辯，甚至說別人找碴。有些人看似能言善道、辯才無礙，不斷地給自己找理由辯解，好像自己的智慧高人一等，或是仗著自己很會講話，就去跟人家爭論是非，這種態度是說話的大忌。

做人呢，最好要能虛心接受別人的批評。人家跟你說了什麼地方不對，只要不是惡意抨擊，你能夠聽懂的，就不要硬去解釋。能夠勇於認錯、知錯必改的人，就不會讓人家討厭。

在日常生活中，言語失誤是經常發生的。你最好做好準備去面對這樣的情況，還有該如何自圓其說的說詞，懂得如何去道歉、去擺低姿態，人生會快樂很多。一個懂得認錯的人，除了別人不會討厭你之外，你也知道該怎樣找台階下去，就算出了錯，人家也會比較容易原諒你，這對人際關係是非常有幫助的。

若想藉由第三者調停、化解衝突，該注意什麼事情？

藉由第三者調停之前，起衝突的雙方必須都同意找第三者進行調停，而且要聽從此人的指示，由他來排解雙方糾紛。如果有一方不同意或反悔，調解永遠不會發生。

既然這位第三者是起衝突的雙方共同選擇的人，當然是兩邊都能夠接受，而且是有公信力的人士。這個人也必須是有能力可以進行調解糾紛的；就算他有沒有足夠的能力，既然兩邊都同意請他出來，就是要聽從他的決定。

這位調停者所扮演的角色，有點像是法院裡的法官，他判定了之後雙方就得接受，不能夠判決了又不服氣，後面又要繼續吵架撕破臉，如此一來，衝突永遠都化解不了。

明明雙方找了人來調解，表示應該是有意談合的，兩邊也都要相信他才是。要是搞到最後又不聽從他的判決的話，這位當調解人的老兄有必要把自己搞得裡外不是人嗎？既然目的是要化解衝突，不管調解人最後如何決定，都要聽從人家的指示。如果沒有這樣的覺悟，最好不要隨便把第三者給拖下水，讓更多人下不了台！

幫爭執的雙方打圓場的時候，要注意哪些事情？

這個問題跟前面的問題是角色對調的狀況，現在自己的角色轉換成出來調停、幫別人打圓場的人。基本原則是一樣的，打圓場最重要的先決條件，是起衝突的雙方願意聽你說話。如果他們兩個不願意聽，你講什麼都沒有用，只會在那兒跟他們吵個老半天。所以，你要確認雙方都同意讓你去打圓場——意思就是說，起爭執的兩邊必須同意讓你以第三者的角色介入，他們兩個人都同意讓你來打圓場，你才可以要求他們去做些什麼事情。

不過，如果這個問題的重點是：怎麼樣做個讓人服氣的第三調停者？那可又不一樣了。雙方起爭執，就是爭對錯的問題，打圓場就是讓兩個人可以信服，覺得有一個很好的決定，兩邊都盡量不吃虧，可以接受這樣的解決方案。**既然你要讓兩方服氣，就要考量怎樣的決定對他們兩個才是最好的。**

所以，你要先看看他們兩個人在爭執些什麼？如果他們的目的是為彼此好，大家都是好意，你要仔細思考怎樣做才是最生存的，為他們兩個人做一個最好的決定。除此之外，如果你認為這個決定是最生存的，一定要能夠說清楚為什麼你會這樣判斷？你一定要有讓雙方信服的道理，接受這樣做對兩邊都好，就算對他們單一方面來看，也是比較有建設性的。如果能夠做到這樣子的水準，幫忙打圓場或是解決紛爭就有希望了。

所以，最重要的是你自己要知道怎樣做才是生存的，怎麼樣決定才是有建設性的，怎麼樣能夠讓兩邊聽了都很滿意，而且覺得你真的有幫助到他們；如此一來你跳出來打圓場才會有意義。

打圓場，是一件吃力不討好的事。如果你要當這個打圓場的人，得要先看看自己是否有足夠的能力跟兩邊好好溝通，才能去介入這樣子的事情，要不然，奉勸你還是別去淌這渾水，讓自己變成照鏡子的豬八戒——裡外不是人了。

我有個朋友講話非常犀利有條理，雖沒惡意，但常常口無遮攔也不留情面，讓人覺得他講話很沒口德。該怎麼跟這種人相處？

如果你很喜歡這個朋友，就只能接受他這樣的狀況。如果你很不喜歡，也不必勉強要在一起，答案就這麼簡單。你不必想要去改變他，也不需要討厭他，反正他就是這副德性，只要你能夠了解就好了。

如果你接受他，就讓他說話很犀利、很有條理，讓他很不留情面也口無遮攔，只要他沒有惡意也就罷了，至於說話有沒有口德是他個人的修為，跟你沒有關係。如果你很討厭這種人，不要跟他做朋友，問題就解決了，不需要感到為難。要是在一起相處又不能接受，這種心態也很矛盾。

所以，這**個問題的重點並不在於對方，而是在於你自己**。他說話犀利有條理，表示這個人聰明。他敢不留情面，表示臉皮夠厚，很有勇氣。他沒惡意，表示心地善良。既然他有智慧、有勇氣又是個善良的人，你應該為人家拍拍手，這是他的本事，你要有欣賞的肚量才對。

至於他敢這樣口無遮攔地說話，反正出來混總是要還的嘛！那是他的事情，你不必替他還。如果你自己承受不住，奉勸你最好不要跟這種人在一起，老實講，你可能也不適合跟他在一起，因為他太強勢或太厚臉皮，或是說話太沒口德，你也不必勉強自己跟他當朋友。再說呢，人家也沒有求你留在他身邊，所以你自己的決定是比較重要的！重點是，你為什麼會這樣地不舒服呢？這就是你應該進步成長的地方囉！

第 5 章

如何從矛盾與掙扎中得到解脫？

我該說善意的謊言嗎？

其實，說謊沒什麼善意或不善意的問題，因為說謊就是欺騙，欺騙一定沒有善意可言。你說你騙他是因為出自善意，這是一種矛盾的說法，我們可以把方向倒過來檢視這件事：你喜不喜歡別人欺騙你？

會問這個問題，通常表示提問者並不清楚何謂「謊言」。我們先來釐清一下「謊言」的定義。

如果你想給對方一個驚喜，譬如說，你私下幫對方舉辦一個慶生派對，你跟其他的參與者協議好不可以事先講出來，不要透露任何消息給當事人；當他問你時，你說你不知道，或是編了所謂的「謊言」唬弄他，其實這並不算是真正的謊言，那只是大家的一個遊戲、玩笑，這是對方可以接受的。

但是，如果你問某個人說：「你要不要跟我結婚？」他為了不想讓你難堪，便跟你說：「好。」他認為這是善意的謊言。等到真的要結婚時，他才跟你說：「我當初答應你只是不想讓你失望。很抱歉，我並不是真的愛你。」這就會變得很麻煩！

如果你純粹只是為了怕某個人傷心難過，所以你要騙他，這種謊言就沒有必要，因為最後一定會被揭穿。而且在很多時候，結果明明早就已成定局，你偏偏要硬拗，到時只會遇到不可收拾的尷尬場面。

電影裡頭，時常會出現這種類似的劇情。為了不讓對方傷心，於是便說了自以為是「善意的謊言」——這種劇情的最後，幾乎都是以悲劇收場。如果現實人生也要用這樣的戲路來演的話，實在非常沒意思，當事人一直被矇在鼓裡，這叫善意的謊言嗎？要是你抱著這種心態，根本是「從門縫裡看人」——把人給看扁了！

你覺得對方一定承受不了，瞞著他會比較好，其實這是不公平的。你沒有讓當事人做決定，就擅自幫對方做決定了。你之所以會欺騙對方，是因為你假設他很脆弱，承受不起事實的打擊，這是一種評估與貶低。相對的，你可能也覺得自己無法面對對方的崩潰，或你也不想處理這種棘手的問題，對自己不夠有信心。在這個節骨眼上，你決定把事實隱瞞起來，以為用「善意的謊言」可以改變命運，人生會變得不一樣；但結果真的是如此嗎？

人既然活著，就應該要玩真的，而不是在那裡演來演去，講來講去都不是真心話——當然，可能你的考量點是不希望對方傷心，這樣的出發點確實是出自善意。但是，**真正的善意**

應該要讓對方知道事實，讓他為自己的人生做決定，你也要有能力去面對他的負面情緒，而不是為了怕他受傷，抱著「因為你太脆弱了，所以我需要保護你」的想法，這種感覺真的不是很好。

會選擇說「善意的謊言」，問題比較大的人其實是你自己。如果他會很難過、很傷心、難以面對，需要克服障礙時你再去幫助他，看他是要選擇改變現況，還是要去接受處理與協助，這樣才是真正地為他著想，幫助他成長、成熟，有能力面對更多挑戰，做出更好的決定。

每個人都有權利選擇他自己的人生，面對屬於他的挫折。或許當下的確很痛苦，但也不全然是壞事——至少他沒有被欺騙，沒有被矇在鼓裡，可以誠實、勇敢地處理自己的問題，這樣的人生才是真實的。如果他知道的事情都是假的，就算有再多的善意也沒用，這些好聽的話到最後都幻滅了，叫人情何以堪？

每個人都希望有機會選擇自己的人生。任何一個人都不應該自作主張，把人家應該知道的事實給隱瞞起來，讓他一輩子活在莫名其妙的迷霧中，就像坐了一輩子的冤獄，仍不曉得自己錯在哪裡。人活著，基本上就是要進步成長，要了解自己、了解人生，面對現實並處理問題，才是真正地在生活。換句話說，「據實以告」才是最大的善意。

為什麼我常常必須言不由衷地說話？

這個問題很明顯的，就是你跟自己在「打架」，心中有很多的拉扯。為什麼會「言不由衷」呢？

第一，你並不知道自己要講什麼。可能是辭不達意，也可能是心口不一，因為你不知道自己要幹什麼，也不曉得自己在講什麼，你說話的目標、最後要達到的結果並不明確，這就是說話時言不由衷的理由之一。

第二，因為你很緊張、很害怕，可能是怕講錯話，或是在某些人的面前會有壓力，講不出你心裡要表達的事情。原本一句話就能解決的事，經過你「縝密的思考」之後，這些話卻變得迂迴曲折，不曉得會說到哪裡去。這表示你平常的練習不夠，也不清楚自己應該克服哪些問題，譬如坐不住、擔心、緊張、害怕等等。這跟第一種情況不一樣，前者是你不曉得自己要講什麼，第二個則是心理層面的狀況。

第三，你說的話並沒有跟對方明確對焦。更進一步解釋，這是邏輯上的問題——你要怎麼表達，才能讓人曉得你的意思是什麼？你也要清楚自己說的，是不是人家要聽的。在這個狀況裡所出現的「言不由衷」，比較偏向是你不太清楚自己說話的問題。所以，你得先跟自己對焦，才可以跟別人對焦，溝通才會真的變得順暢。

為了避免發生「言不由衷」的情況，你先得把下面這三件事做好：

第一，知道自己要講什麼。

第二，驅除掉自己心裡的障礙。

第三，要有充分的練習。

這當中的「對焦」相當有意思。首先是自己跟自己的關係，其次則是我們跟別人的關係，要把「自己要幹什麼」跟「別人要幹什麼」接上線。兩者如果合不起來，就會變得「言不由衷」——或許聽的人覺得你說話言不由衷，怎麼拐彎抹角的？也可能是你一直講別人要聽的，但這並非是你真正想要講的，連你都會覺得自己心口不一。

所以，「言不由衷」也有不同的角度。你必須先對自己想要表達的內容有清楚的分析與解釋，在說話時，別人才會覺得你有自己的思想、有自己的立場，而且表達的非常清楚，沒有任何的模糊地帶。

這種「對焦」的說話能力，必須靠自己努力去研究，把那些原本搖擺不定的想法條列出

來並矯正它，變成可以明確呈現給對方的內容，才會有進步成長的空間。當你能夠清楚地表達之後，就不會再有「言不由衷」的感覺了。

有人用柔情攻勢想要說服我，我不希望得罪他，該怎麼辦？

很簡單，就直接告訴他：「我不想得罪你，但我也不能答應你。」只要把話講清楚就可以了。

不管是柔情攻勢或激情攻勢，也要看你能不能被說動。如果你被說動了，表示這招用在你身上是有效的；如果說不動，用上再多柔情也只能付諸流水。你若是真的無法接受，就應該直接告訴對方，柔情攻勢這招對你沒有用。你不想得罪他，可是也不想答應對方，直接告訴他很為難嗎？其實，你還是有選擇的權力。

為什麼你會說不出口，好像人家用針戳你，你又不敢喊痛；人家推你，你不敢叫他別再推了，還硬要坐在位置上，一副被欺負也無所謂的樣子，這樣很奇怪吧？

你心裡有什麼話，就應該直接告訴對方。不管他是來軟的或是來硬的，不行就是不行嘛，何必講那麼多呢？反正也說服不了。你要讓對方知道你的立場，只要他能夠明白，便會知難而退。

當你直接講出口的時候，不必擔心得罪對方。不答應是你的選擇，如果不答應就等於得罪人，那還得了？要是為了不得罪別人，所有的事情只要對方一開口，不管怎樣都得答應不可，這世界豈不是亂成一團？

擔心得罪別人，是你個性上的弱點。該說的話就要說，不能答應就不能答應，沒有什麼得罪或不得罪的問題。一直擔心拒絕會得罪別人，是非常鄉愿的想法，自己不能面對的無能與軟弱，將會造成生活裡的各種問題。你應該想辦法把個性裡的軟弱無能改變過來，才有辦法真正去做事情。

能夠做大事的人，沒有一個是會怕得罪人的。**你不可能討好每一個人，也不可能完全不得罪任何一個人。**遇到問題了，你得想辦法去溝通；若真的沒辦法答應，還是得拒絕對方。如果你答應對方只是為了怕得罪他，如此一來，你做人處世的原則在哪裡？回到最基本面來看，你還是得知道自己的原則。

有些時候，你拒絕對方而得罪了他，也就只好認了。要是那個人這樣就被得罪，他也不是個講情理的人，既然如此，也沒什麼好談的，你還是得依自己的原則為主。不過，在某些特殊情況之下，如果你覺得原則不是那麼重要，得罪了人反而比較麻煩，那就修改一下方向，可以退一步海闊天空，點頭答應便不會得罪對方。

「答應」跟「拒絕」只能二選一。想要做到兩全其美也不是不可能，但要看對方是什麼樣的人，胸襟夠不夠寬闊。若是對方可以理解你的狀況，是一個講情講理的人，便有機會達到雙贏的局面。如果對方是個不通情理的惡霸，再怎麼退讓也沒有辦法。

要拒絕人，又要不得罪人，並不是那麼容易的事。有些時候，人生不會這麼完美，不要把每件事情都想得過於美好，事情該怎麼辦就怎麼辦。你若覺得對方誠意十足，這件事也不是那麼難以商量，就可以再考慮一下；至於碰觸到底限的事，不能答應就是不能答應。如果拒絕了就會得罪人，那也只好得罪了吧！不管怎樣，你都得做出一個選擇。

我可以感覺到對方希望我說出一些讓他滿足的話，但是我就是說不出來，該怎麼辦？

講不出這些話，有以下兩種情形：

第一種，你講出來的意思不是對方想要聽的。你心裡的真心話滿足不了他，或是他想要聽的，並不是你想要告訴他的內容。

第二種，是你想讓對方滿足，但他想聽的你講不出來，換句話說，你說話的水準還達不到他的要求，但你心裡是希望能夠讓他開心的——這又有更深一層的意義了。

如果是第一種情況，問題的根源並非在於你說話的問題。這當中有很多的勉強——他希望自己可以被滿足，但是，他的快樂是建立在你的痛苦之上。

當然，也並不是就不要去理他，但你應該要很真誠地告訴對方，你並沒有要刻意去滿足他、迎合他的意思，所以也不必強迫自己去說出一些違心之論。就溝通的角度來看，這完全不正確，也不對焦；因為你講出來的話，並不是心裡真正想要講的。

你想要讓對方感到滿足、覺得舒服，當然是個很好的意圖。但現在的重點是，你把這些

話說出去了，其實並不是自己原本想說的，那到底還算不算是在溝通呢？你講的內容讓對方想聽，那當然是很好；可是當對方想聽的並不是你想要講的，就算你講出來也只是在欺騙他，他覺得很高興，也不過是在自欺欺人罷了，純粹只是為了自己爽，才想聽你說這些話——但這不是真正的溝通，也沒辦法達到「對焦」與「了解」的目標，最後一定會出問題。

若你為了滿足對方，或是因為喜歡他，而強迫自己去講一些不是自己想說的，你心中會有很多矛盾。不管是你要講的，或是他想要你講出口的，只要不是你真正想表達的意思，就是「不對焦」。所以，你千萬不要勉強去講一些自己不想講的話，或是一直想要去滿足對方。

現在來看看第二種情形。這個情況是你想講，你也想要滿足他，只是你說不出口，或是你說話的能力還沒達到這個水準，這就是不一樣的情形了。

如果是你自己水準不夠的問題，就得去練習寫逐字稿——所謂的逐字稿，就是把你要講的每一個字都先寫出來。你要經過思考，把這些內容研究、整理、歸納，寫出來之後再去練習，練到可以流暢表達之後再去跟對方說話，這樣溝通的水準就會有所提升，是非常有藝術價值的。

當你說話的練習不夠充足，表達水準就無法到位。藉著事先的練習與思考，就像演講或是電影台詞都是經過事先的準備，不斷地練習並反覆琢磨，再把情感放進去，練到一定的熟練度再去跟對方講話，這樣的說話品質便會讓人刮目相看了。

所以，這個問題有兩個層面，你得檢查一下自己是屬於哪一方面的問題。如果你自己本身沒這個意思，就不要去欺騙他，不想講就不要勉強去講，因為這麼做會違背你個人的品格與價值觀。你不應該為了滿足對方而去欺騙他，這是做人的原則問題。

如果你很希望滿足對方，只是你目前做不到，就要想辦法加強練習。但你必須了解一件事：基本上，你說話的水準是有待加強的，**你的問題可能不僅止於無法滿足他，應該也無法滿足身邊的其他人。**所以在生活中，不管是愛情、友情、親情、工作的領域裡，你都沒辦法運用說話的溝通方式達到你想要的水準。

不過，如果對方的要求真的讓你感到如此痛苦，基本上，你不應該跟這樣的人在一起。若是你的說話水準不到那個程度，卻硬要勉強自己高攀，那種痛苦是可想而知的。

解決方法有兩個：第一個，想辦法強化自己說話的能力。另一個，就是不要去高攀你還不夠資格去接觸的人、事、物，不要強迫去做自己不能做到的事，這樣的態度並不健康。不過，你仍要繼續進步成長，否則水準不會改變，同樣的問題就會重複發生。

比方說，你喜歡上一個水準相當高的女孩子，但你自己說話的水準卻又那麼低，你明明追不到卻又很想要，到底該怎麼辦呢？只要你不進步，永遠都滿足不了那個人，偏偏你又想跟那個人在一起，就算勉強在一起了，雙方都會因為無法溝通而吃盡苦頭，到底該怎麼辦呢？這是你在生活中必須思考的問題。

不要讓自己一直停留在某個水準。想高攀又攀不到，心裡又放棄不了，這樣一直折磨自己很痛苦。對方也是一樣，既放不掉，又不肯降低自己的標準——沒有其他的辦法，你只好想辦法進步了。否則，你滿足不了別人，生活裡充滿了許多無奈，怎麼會活得精彩呢？

我在這套書中不斷強調：你非得要不斷練習、非得要進步成長不可。說話能夠讓一個人開心，這是一定要培養的能力。但如果對方只想要求自己滿足，而那些話並不是你真正想說的，那你就不要說；如果你一直想滿足一個人卻做不到，你就得重新思考是不是該進步成長，或是你不應該跟這樣的人在一起？如果你的說話能力真的這麼差——別無選擇，寫好逐字稿拼命練習吧！你非練不可，總有一天會接近你想要的目標。

我的老闆只喜歡聽阿諛奉承的話，偏偏我就不是這種人，該怎麼辦？

你不需要去討好你的老闆。你老闆喜歡聽這些話，就讓會講的人去講，你就做你自己的事情，只要他沒有開除你就好了。就算被開除了也不必難過，反正你也不適合跟他一起工作，因為你也不喜歡當這種阿諛奉承的人。

但是，如果你不希望被開除，你也很喜歡你老闆，覺得在這個公司工作很好，那你就得要學會怎麼跟老闆溝通相處，得要學學這些「阿諛奉承」的話要怎麼講？至於你是不是這種人，其實別人根本不在乎。

你只需要考慮一件事：「我到底要不要這份工作？」如果你不喜歡，也不是非得做這份工作不可，那就離開吧！不幹了也無所謂。

再換另一種狀況來看。你不去奉承老闆，但他也沒有要解雇你。那你就繼續上班做事，不必刻意去討好他，他也不見得有多討厭你，這樣不就相安無事？你就好好做自己該做的事，不必一天到晚想著該怎麼辦，不會阿諛奉承也不會變得很糟糕。

但是，若你一直很在意老闆喜歡別人奉承他，然後因此而不喜歡你，那也沒辦法。你也得承認你就不是這種人啊！不會拍馬屁，也只好認了。

如果你覺得老闆有他的道理，而且你喜歡這份工作，又想要得到升遷，那麼，就不必把這種溝通方式當成「阿諛奉承」。你應該想的是，怎樣跟老闆說話能夠「對焦」？

這個說話方式，不一定是你所認定的「阿諛奉承」，也不是所有的老闆都只想往自己臉上貼金，都喜歡人家讚美他。你應該要學會怎麼跟人家說話，讓對方感到舒服，也更能夠理解你的想法。

如果你常強調自己不是這種愛拍馬屁的人，換了好幾個工作，都很難跟上級好好相處，那我可以這樣大膽地判斷：你一定不只跟老闆之間有這樣的問題。你跟同事、朋友、另一半甚至跟你媽相處時，都會有同樣的問題。

所以，不要一直很堅持的認為「我就不是這種人」。你一天到晚都在想：「我是哪種人？」「他是哪種人，所以我跟他一定不合……」那是不是乾脆換工作，換老闆？人家都還沒有要炒你魷魚，你在擔心什麼呢？這樣的觀念應該要改一改。

你應該換個方向去思考：是不是某些情況你無法應付，或是你不擅長某種形式的溝通？

還是你不太會表達情感？甚至你根本不太會講話？這樣還比較有建設性，而不是一直卡在「我到底是哪種人」的思考模式，好像在判定自己有什麼罪一樣。**如果你知道自己可以改進的問題，是不是阿諛奉承就不重要了。**當你修正了之後，對方就會喜歡跟你溝通，就算不是什麼討好的話，別人也會喜歡聽。

此外，你也不見得一定要去討老闆歡心，才能繼續工作。你就好好工作，事情辦得好，人家就會幫你加薪，就有升遷的可能。再者，老闆也未必一定要你去對他阿諛奉承，這種想法是帶有偏見的，對整個人生、情勢都有可能會造成嚴重的誤判。

我給你的建議，就是十倍、百倍地加強自己說話的能力，說話的結果就會完全不一樣，人生將會柳暗花明又一村。只要你進步了，可以了解人生、享受人生，便能創造你想要的生活，生命可以變得很有趣、很幸福。

第 6 章

說話達人必備之技

如何讓「沈默」成為一種說話的藝術？

沈默，簡單地解釋就是沒出聲、靜悄悄；就音樂上來說有點像是「停頓」，可是這個停頓是有藝術的，因為它不是隨便亂停，而是在是數拍子，在特別的時間點上停下來，然後從另一個時間點重新開始。停下來的這段時間，給了聽眾延伸思考的空間。

以說話的角度來看，沈默就是不講話。為什麼有些時候人們會說「沈默是金」呢？就是把沈默運用地非常好，他選擇沈默的時間點正好是不應該說話的時候。

不說話有很多種情況。第一種，反正也沒有適合的話可以講，乾脆就不要講。有一種人是平常就不多話的。在某些狀況下，不說話也不見得不好，甚至還讓人覺得挺可愛的。

有很多時候，對方的話讓你感到嬌羞、答不出來，或是真有必要誠實地回答嗎？那麼，此時最好就是「無聲勝有聲」，一切只能意會，不能言傳。

比方說，你心儀的對象問你：「你愛我嗎？」其實你心裡確實是愛得不得了，但是你卻選擇了沈默。這沈默呢，想像空間就很大；其實我是很愛你的，但我沒有講出來。到底愛或

不愛呢？這就有意思了，讓對方自己去猜吧！一切盡在不言中。

第二種，就是不管你講什麼都是錯的，或是這個時間點上來不及講，說了也是為時已晚，再怎樣彌補解釋都是多餘，那就只好選擇沈默，或乾脆一笑置之吧。

有些時候，保持沈默並不代表沒意見，只是表明的態度是「我選擇不說話」；換句話說，就是不予置評。這也是一種藝術。

第三種呢，就是不該答的、不該回應的、負面的問題，沈默就是最好的選擇，也是一種決定。

「沈默」之所以是一種藝術，關鍵是在於留給對方自行想像的空間。這個沈默是什麼意思呢？既然沒講話，就把他當成是默認嗎？還是正在思考中？這關係到彼此間的情誼與默契，兩個人可能心照不宣、心有靈犀，完全是靠意念在溝通。好比在跳雙人舞的時候，大部份的舞者都不說話，沒說話的溝通其實也是一種相當高的藝術境界。

有些人雖然保持沈默，但也不是靜在那邊像個石頭。他雖然沒講話，但臉上仍有表情，他的表情看起來是在傳達一些訊息，但他的沈默卻又散發了另一層意義，當中所能夠創造出來的奇蹟簡直是千變萬化。尤其是當你問了一句話，你很清楚對方明白你說了什麼，但他卻以沈默來回答你，這個時候就非常耐人尋味了。

一般來說，如果真的有用心思，大概會知道對方的沈默是什麼意思。既然他沒講出來，你也不必刻意去回應，因為對方沒表態，你心裡有自己的假設，至於後面會發生什麼事並沒辦法知道，這件事情就只能在這裡告一段落了。

有些電影的結局，不會讓觀眾曉得最後發生什麼事就結束了，後面究竟如何？這種「留白」的方式就是一種沈默，因為導演沒告訴你答案，一切都靠自己去想像，這也是一種藝術。

當人家沒有回答的時候，你是怎麼想的？就算你知道他的答案是肯定的，但他就是不予置評，或是不想回應你，這種感覺其實很微妙。有些時候，你甚至還會很高興對方沒有回答，因為回答了之後就立場分明，沒有回答又是不一樣的情況，後面的想像空間非常寬廣，有千變萬化的可能性。

有些時候，沈默也是相當高明的回應。你沒講話，對方也能會心一笑。但有些時候對方逼你表態，你卻一直保持沈默，其實也不是很舒服。所以，要讓沉默成為一種藝術，就是要讓兩個人都能接受，而且他很高興你沒有講話，你也很欣賞自己沒有講話，兩個人都非常樂意享受「一切盡在不言中」、「此時無聲勝有聲」的美感。

幽默感要怎麼培養？

「幽默」是大家都非常喜歡的東西，因為幽默讓人非常地舒服，讓人覺得很有趣，生活就是要不斷地增加這些良好的情趣。

當一個人講話的感覺、心境跟切入話題的角度，會讓人家感覺到相當有趣，這種表達就是一種「幽默感」。至於怎麼樣去培養呢？這就非常有意思了。

首先，你得去找出一些你覺得好笑、好玩的事物，了解它是怎樣被製造出來的，這些事物有怎樣的特質可以讓大家覺得有趣。你要先去了解它，之後再去複製它、學習它。

比方說，「講笑話」就是一種練習幽默感的方式。說一個笑話之前，你必須搞懂這個笑話的笑點在哪裡，哪些人對這種笑話有反應；要怎麼去表達，這個笑話聽起來才會好笑。當你笑話練多了、講多了，自然就會讓人有妙語如珠的感覺；如果一個人沒什麼見識，平常也沒什麼在思考，便很難達到這樣的說話水準。

但是，幽默感與說話者的情緒也有相當重要的關連。如果你的情緒很自在，大方地講出自己看到的一些事物，或是跟別人不一樣的見解，那些話都會變得很好笑，這也是一種特別

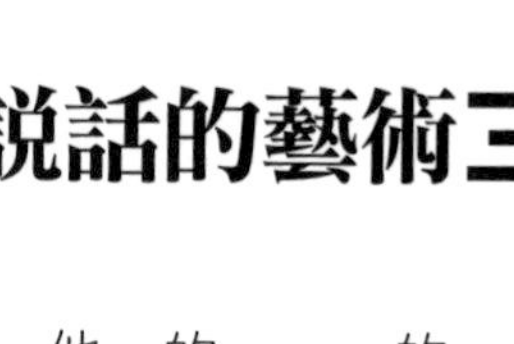

的幽默感。

比如說，小孩子並不是平常練習了很多笑話，所以一開口就能讓人捧腹。他是因為說話的情緒很高昂，思考邏輯很天真、觀察事情的角度很直接，造就出一種特別的幽默感。或許，他並沒有特別想要說什麼笑話，但是別人聽起來就會覺得很逗趣。

舉例來說，小孩子剛學講話的時候，大人問他現在吹什麼風？他很天真地回答：「麥克風！」這種風馬牛不相干的答案，讓人聽了覺得很好笑，這也是一種不合邏輯的幽默。

培養幽默的方法，是你不斷地去跟很多人說話，最好是常跟說話很幽默的人聊天，不斷地思考怎樣讓一句平凡的話語變得好玩、好笑，這是你可以去創造的事情。人與人之間的碰撞，自然會產生很多的火花，這些幽默感可能來自有趣的話題，也可能是帶有諷刺的意味，或是話中有話的隱喻，在這些話題當中就可以創造出很多的幽默感。

舉幾個我實際遇到的例子。我很愛漂亮，很喜歡保養。有一個老人家跟我說：「小姐啊，妳這樣一直保養，妳什麼時候才會要老？」

他講這句話，就讓我覺得非常幽默。人都會老，他問我什麼時候才要老的意思，既帶有讚美又顯露出一種俏皮的意思，讓人覺得這個老人家說話很有意思。

還有一次，我跟員工一起到夜市某間店裡，有一對夫妻在那邊吃飯，我們一大群人在等他們的位置。我跟那對夫妻說：「我們這麼多人站在這邊，好像給你很大的壓力，真不好意思。」

那位先生說：「沒有什麼關係啦！這樣子被人盯著吃飯，我覺得很刺激哩！」

如果他說這種壓力很大，就沒什麼幽默可言，但他說這種吃飯的方式很刺激，而且看起來他似乎挺樂在其中的，這種說話方式就很有幽默感。

所以，**幽默有時是辭語上的運用，有時則是智慧的表達，有些時候則是切入角度的問題。**如果不斷地去研究，多做一些事情、多跑一些地方、多認識一些人，讓自己增長見識，這些幽默感就會不斷地被創造出來。

幽默感是一種情趣，必須從生活中培養。如果個性很嚴肅、很刻薄，或是一個非常吹毛求疵的人，當然就不太會講什麼幽默的話，他也沒有想要讓別人笑的意思。如果你很隨興，保有一顆赤子之心，喜歡讓身邊的人覺得開心，幽默感就比較容易存在。

以我個人的觀察，比較喜歡「接近人」的人會比較有幽默感。基本上，這種人喜歡笑，也喜歡別人一起笑，他會希望別人開心快樂，日子過得比較輕鬆樂觀。所以，人生要往這樣

的方向去生活，就會慢慢地培養出幽默感。

如何在談話中運用眼神？

眼神確實跟說話有關係，而且可以傳達很多的意義。你要了解眼神的情緒、心態，簡單地說，如果講話講到重點，或是表達很有誠意的時候，一定要看著對方的眼睛。這不僅考驗著你的面對能力，談話中對方的反應、傳達的訊息才能夠接收的更完整。

譬如你跟某個人說：「我一定要揍你！」那麼，你的眼睛要看著他，不然他會覺得你根本就是胡說八道。如果你要娶她，你也一定得看著她的眼睛，否則的話，她一定會以為你是虛情假意。所以，你的眼睛一定要跟別人四目相對，就是運用眼神的重點。

當你看著對方時，他可能不會看著你；就算他沒看著你，你還是要看著他。這是很有意思的事情——話要說得好，一定要搭配眼神。不過，如果你從頭到尾緊迫盯人，一副要把他吃下去的樣子，便會讓對方感到有一種壓抑感，甚至誤認你這個人城府極深，或是仗勢欺人。

所以，你要曉得：光是盯著人看，就是一門必須修練的功力；要表現出重視、誠懇的態度，非得用眼神來傳達不可！

「盯」這個動作，可以表現出一個人的誠心與意圖。一樣都是盯著看，當中卻有很多種意義——有柔情似水的、有威脅逼迫的、有仗勢欺人的、有得理不饒人的、還有好色流口水的……有許多話語沒表現出來的意圖，都可以藉由眼神表現出來。

如果你對某個人有傾慕之情，眼神就會柔和一點。但是，如果在責罵、威脅對方時，又有另一種表現了。儘管「盯」人所傳達的意義不同，卻有一個共同點：意思更加明確，精神集中、意圖明顯。

說話除了要盯著對方之外，其次要注意的是：眼神必須柔和一些。什麼叫柔和一些？就是拿捏盯著對方的頻率與分寸。這可是相當藝術的地方！

講話本來就是藝術，眼神更是一門學問。要把眼神的表達講清楚，簡直比登天還難。從頭到尾一直盯著人看，會給人壓迫感；有時候看、有時候不看，就是給予對方空間的尊重。

那麼，看與不看的比例究竟是多少？那就得看個人要表達的深淺。你要表達出專心、誠意的一面，盯著看的比例就要多出很多。一般來說，九成的時間要盯著對方看，剩下的一成可以看一下別的地方，作為緩衝的彈性，讓對方不會感覺自己像被釘在十字架上一樣無法喘息。你得要看一下當時的狀況，做出適度調整。

偶爾將眼神轉移至別的地方再拉回來，有兩個優點：一來，表情比較靈巧，讓人感覺你這個人是活的，兩隻眼睛不會像死魚一樣盯著不放。二來，則是給對方可以喘息、比較舒適的感覺。

稍微看一下別的地方，就像女孩子笑起來很漂亮，但不會從頭到尾都在笑；有時候摸一下裙子、看一下手之類的動作，也顯得風情萬種。看別的地方並不代表意圖轉方向了——意圖並沒有改變，你還是很堅持原來要表達的意思。目光轉移開，是讓對方緊繃的張力獲得緩衝，兩邊稍微舒服一點，這就是柔和的意思。

不過，儘管你看著其他地方，精神跟意識還是非常清醒的，還是在傳達你要表達的意圖，說話仍是一直朝著目標、保持讓人舒適、柔和的感覺。

如果盯與不盯的比例變成各佔一半，一下看、一下不看，就會給人「話家常」甚至是「屌兒啷噹」的感覺。這並不是什麼好壞的問題，就好比跟朋友爬山聊天，或是在家一邊煮菜一邊講八卦，眼睛幹嘛一直盯著人看？但是，即便是說這些話，也必須很認真。

若有人走路走到一半忽然停下來，搭著你的肩膀，看著你說：「我告訴你，老兄，這個事絕對不是開玩笑的……」為什麼要這樣？因為這件事很重要，必須配合眼神嘛！

你老婆正在煮水餃，煮到一半突然想到什麼正經事，眼睛不盯著水餃，一直看著你說話，你反而會替她緊張水是不是要滾了，水餃是不是快要跑出鍋外了。她不需要一直盯著你，但說話要盯著人看的時候，就是要配合眼神的時候。如果主播在報告新聞，就不可能用這樣的說話態度，就算有時候看一下新聞稿，但是主播的眼神一定會回到鏡頭這邊。

平常說話的時候，眼神要配合場合狀況與各種形態。你可能坐在沙發上跟老婆一起看電視，或是在爬山時跟朋友邊走邊聊，還是在飯館跟客戶談生意等等。生活當中常會受到打岔，像是服務生突然跑過來問問題，或是嬰兒哭了要換尿布，這些環境因素都會讓說話的眼神受到影響，也必須考量在其中。

還有一種情形是非常有趣的：對方有九成的時間是不看著你的，就算看你的時候，眼神還飄乎不定。

講話是兩個人或是多人之間的交流。如果大家都沒有在注意，好比教授一個人站在台上心不在焉地講課，學生都沒有在聽，你可以盯著教授看，一定看不太懂他到底在幹嘛。也就是說，不管是一對一、一對多或是多對多說話，如果沒有好好搭配眼神，聽話的人一定聽不懂你在講什麼。

若是遇到這種情形，聽話的人必然不會覺得舒服，因為講話的人並沒有認真在跟你溝通，或是有其他的意圖等等，這些傳達出來的感覺並不會讓人舒服。換句話說，有些人存心要讓對方感到不安或懷疑，會刻意運用眼神製造出這種效果，就像在演戲一樣。

如果你想要故弄玄虛，讓對方聽不懂你在幹什麼，就不要盯著他，眼神故意亂飄。就算你講得非常有道理，只要眼神不定，對方也會感到困惑，不太清楚你要表達的意思是什麼。這就是說話裡一個很有趣的藝術：**眼神跟說話是互相配合的——不只是眼神，表情、手勢、動作都是。**要是這些條件有其中之一出現干擾的狀態，譬如你講話很認真，但手勢常亂比劃，也會讓對方很不舒服。

為什麼這些都是藝術？為什麼值得下苦功去練？因為傳達出去的感覺，代表了你這個人的水準、品味、風格。為什麼這麼多人在跳舞，偏偏就是某個人當主角？因為他就是跳得比較好看！雖然只差那麼一點點的小角度，他就是能夠展現出完全不一樣地氣勢，這就是藝術。

優秀的政治家在上台演講前一定要經過練習。可能要搭配眼神、手勢，就連脫夾克、丟東西的動作都有特殊的意義，因為這些表現可以強化情緒的高潮，增加訊息傳達的明確度。這就是美，就是藝術，就是我們要的！我們要的就是讓傳達的效果更精確、更深入、更豐富。

你可以把一句經典的台詞寫下來，然後試著用三種不同的眼神去搭配同樣的話，感受一下當中的差異。第一種，就是你從頭到尾都盯著對方。另外一種，就是五成的比例，愛看不看的。最後一種，就是幾乎都不去看他，偶爾才看一眼，感受一下聽你說話的人有什麼感覺？藉由這三種不同的方式練習，並在生活中去感受眼神的運用，會發現其實非常有趣；練得愈勤，也愈能練出一種專屬於自己的風格。

如何做到知心卻不越線，不去踩到他人的地雷？

在這當中，有很多層面可以解釋。

你想要跟某個人有知心的程度，那個人的做人水準跟道德層次與你應該要很接近——這裡指的比較是屬於精神層次的部分，不代表知識水準要相同，或是身家背景要類似。若是兩個人的水準層次相差很多，卻又要做到很知心，這樣的狀況很難出現。

如果很容易踩到對方的地雷，表示你跟他並不夠知心。換個角度來說，要是一個人的地雷很多，他是很難跟別人成為知心的。你認為你跟對方是知心好友，但對方又有很多地雷讓你踩，這表示你們兩個人的層次根本就不一樣，就算在某些領域頗談得來，但待人處世的認知差異太大。你要跟這樣的人推心置腹、肝膽相照呢，或是勾心鬥角最後分道揚鑣？你要有自己的選擇。

所謂的知心，是你可以完全了解他；既然如此，照理說應該會知道對方不能觸及之處，不會隨便去踩到對方的地雷才對。如果你真的跟對方很好，老實說，你得罪不到他，兩個人的包容跟理解到了很高的層次，應該不至於這麼容易就翻臉。不管你說了什麼話，對方都知道你不是惡意的，不會這麼容易就踩中他的地雷——兩人之間的地雷彼此都很清楚，大家都心照不宣。

可是，**如果為了提防踩到那些地雷，有很多的話不能講，一直小心翼翼，擔心對方生氣……老實說，你跟他沒辦法達到「知心」的程度。**

知心朋友的地雷會比一般朋友少許多，就算踩到也無所謂——因為夠知心，別人踩到可

能不行，你踩到就沒關係。所謂的「知心」就是可以講話，是一種高度了解的友誼，不可能會有這麼多的擔心。不管怎樣都有商量餘地，就算是踩到地雷，也是一種溝通的方式。

如果你發現對方的水準沒有自己這麼高，就應該將心比心一下，你不能承受的，對方也一定不能夠承受。你要進一步去溝通，經過更深入的談話，大家對於彼此的地雷區有更多的認識，了解對方的界線在哪兒，知道什麼事「有所為，有所不為」。

知心還是要透過溝通才能達到了解，而不是用評估、瞎猜的。你和另一個人的感情能否達到知心的境界，完全是硬碰硬的——有就有，沒有就沒有，不可能自欺欺人，沒有卻要假裝有；這就變成是「不熟裝熟」，欺騙彼此的情感。

你認識一個人的程度到哪裡，對於他的地雷分布就熟悉到哪裡。如果為了怕踩到地雷就不再跟一個人談心，也不再對他誠實，什麼事都虛偽應付，這根本就是本末倒置，也更談不上有什麼情感了。

為什麼有些人的話並不多，卻能夠得到別人的信任？

話多不多，跟別人能不能信任是沒有關係的。有些人話講得很多，人家覺得他根本是花言巧語、胡說八道，或是陳腔爛調，一點誠意都沒有。所以有些時候，你話講太多或是很能說話，還不見得能夠得到好評。

話多、話少並不是重點，關鍵在於講的話到底實不實在。你講話給別人的感覺是否真心誠意？是不是有情有義？是不是一言九鼎，可以被信任？一句話可以重過九個鼎，可見份量有多麼地重呀！你講出來的話，跟你做出來的行為要一致。

所以，話不必多，只要能夠守信用，人家都知道這些話一定會兌現，那麼，就會得到別人的信任。

在某些時候，你明明跟這個人不是很熟，為什麼他講話你會相信呢？這當中有很多關於說話的表情、語氣、熟練度與確定性，至少對方說話的水準到了一個你能夠信服的程度，可以表現出讓人相信的「實力」。

為什麼我會一直強調要練說話的「基本功」？包括眼神、情緒、表情，甚至一般人以為

跟說話毫無關係的體態、衣著等等，給予對方的舒適度都很重要！

在平常生活或工作中，除非對方跟你認識很久了，否則別人根本沒機會知道你是怎樣的一個人，換句話說，說話給人的印象是非常重要的。要是你說話老是支支吾吾的，別人根本沒辦法聽清楚說你要講什麼，看你像個呆瓜，也不知道這些話到底是真是假，甚至以為你在講傻話而瞧不起你，要信任你是絕對不可能的。

反過來說，如果你說話的基本功很好，一定能夠增加非常高的信任度——就算是騙子，基本功也一定到了某個水準，所以他有本事騙得到你。由此可見，說話技巧有多元運用的可能性，譬如從事間諜、臥底或是騙子、情場摧花手等等，他們都能夠輕易得到別人的信任，可是他表現出來的情緒是假的，是故意演出來的。他能夠演到這麼逼真，技巧當然相當純熟，功力非凡。

但是，再高明的技巧還是不能高過要表達的意圖，否則不管你說的話有多麼真誠，也是假的。就以藝術品來說，畫假畫的技巧也有可能比原畫者還高明，但畢竟真畫還是真的，它的創意與價值是被世人接受的，大家認同的是原創的意義。

人家要的、喜歡的，讓人感覺到共鳴的是你原來的意圖，你的那份心、那個創意、那份真情，可以讓別人感到信任。因為你沒有要欺騙的意思，因為你一言九鼎，因為你說話算話，是這樣的心意讓人感覺你值得被信任。

你可以說，這種受到信任的能力也是一種「技巧」，這個技巧是由「基本功」建立的，意圖必須高過一切的說話技巧之上，這才是真實的藝術架構。當一個人的胸襟到了值得被信任的程度，再配合說話的技巧，才能讓人感受到那份震撼。

藝術也不光是練基本功就能交差了事。你必須不斷地在生活中生產、創造，加上長年累月的訓練，按部就班來做才能精益求精，而這個過程本身，就是藝術的化身。

第 7 章

遇到這種人，話該怎麼說？

如何做到「見人說人話，見鬼說鬼話」？

做到「見人說人話，見鬼說鬼話」之前，你要先知道：人話要說什麼？鬼話要說什麼？你要先辨別對方是人，還是鬼？知道是人還是鬼之後，你要能夠說人話，也要能夠說鬼話，能夠跟不同對象對到焦。你想要講出對的話，就必須瞭解每一個人需要的是什麼，這得要去練習、搜集資料，得要去瞭解，還得判斷情勢。

你跟阿嬤講話，就不能像跟同學那樣使用很多年輕人的詞句，阿嬤根本聽不懂。跟小孩子講話，你用很世故的方式講話，小孩子也聽不懂，這樣就對不上。你跟小孩說車車、ㄋㄟㄋㄟ，拿來用在同學身上，他們會覺得你說話活像個白痴。所以，你要知道你是跟誰在講話，跟不同的人說話，都有不同的溝通方式跟語調，包括思維模式、討論的話題都不一樣。

要達到水準之上，還是一句老話：練習。當你知道對方是人，就講人話，遇到鬼就講鬼話，不能講人話。這就像家裡養的寵物，你不能把貓食給魚吃，魚飼料拿去餵狗。看到魚，就該餵魚食。看到貓，給牠吃貓食。一旦你餵錯了，牠就會像是吃錯藥一般，效果當然不對。講錯話，就可能會被人修理，或是被鬼欺負，這是一個很簡單的道理，沒什麼複雜的。

觀念對了就容易做到，至於其他的部分，就是經驗的累積跟練習而已。

說話反反覆覆、出爾反爾的人

遇到說話反覆不定的人，你應該直接問他到底要說什麼。如果對方還是這樣反覆無常，你就要幫助他停止，告訴他說：「你上次講的是……，那到底是上次說的算，還是這次說的算？」

你必須挑明地說清楚，以前講的都不算數囉？要以今天講的來算，是嗎？除非是記憶失常的人，要不然應該都會記得自己之前講過什麼。你的目的不是要他停止說話，而是要他停止這樣的反反覆覆，讓他有個決定。

如果對方的反覆不定是一種習慣，而且他自己沒有辦法克制，你必須決定怎樣跟對方把話講清楚，就像是白紙黑字簽好契約，或錄音存證之類的。如果什麼事都講不清楚，彼此也沒有什麼生意好談，就算是朋友也不會有什麼深厚的交情，最後一定會出問題。

要是對方經常這樣，也不必太在意。你可以決定要不要跟這種人在一起相處或共事，如果非得交手不可的話，那就只好再問他一次了。這也沒有什麼奇怪，你也知道這個人就是這樣嘛，你每次都要問個清楚，然後心裡有數，計畫有可能隨時會再改變，而且要能夠接受他的一改再改。

當然，有些時候你不願意改變，你也有選擇的權力。不是只有他可以這樣變來變去的，你也有權去主導這件事。只要彼此之間有個默契，要做朋友就比較容易一些。

如果這位朋友對你而言很重要，他說得清不清楚，也不是最主要的問題。你得要問他到底要什麼？昨天講的不算，今天講的算不算呢？一次一次來，有耐心地跟他溝通，最後還是會講清楚的，就算真的講不清楚也無傷大雅。若他能讓你決定，你就直接主導；否則不做朋友也沒什麼大不了。

說話總是心不在焉的人

老實說，心不在焉的人是沒辦法溝通的。如果非得跟他講話不可，只能讓他保持注意力聽你說些什麼；如果他老是魂不守舍，不管你講得再清楚、再仔細也沒用！你不知道對方有

沒有聽進去，他就是一副愛理不理的樣子，沒有辦法硬講下去。

說話心不在焉，就像游泳池裡沒有水，要怎麼游泳？假裝在游，還是用走的呢？換句話說，心不在焉就不符合說話的基本條件，沒辦法讓溝通繼續下去，更不必談什麼藝術的境界了——連材料都沒有，還談什麼藝術呢？

對心不在焉的人是沒辦法說話的。你不用對他講太多話，反正講了也不算數。所以，你得先了解一下說這些話的目的是什麼？對方開不開心你已經管不著了，自己都先氣炸了，又何必呢？你得先知道，這樣的人是不能溝通的，明白這點就會順其自然，不會一直做白工了。

如何應付一直在刺探隱私的人？

既然對方的目的是要刺探隱私，你就問他現在想要知道些什麼？擺明著問就行了。你願意講的就告訴他，至於不願意講的，就跟他說：「對不起，這些事情我不想讓你知道。」

或者，你也可以更進一步問他：「你問這些問題的目的是要幹嘛？你所好奇的是什

麼？」直接把話講白了，才不會每次聽起來都怪怪的，好像有什麼話沒講完似的。

要是對方一開口講話，就讓你覺得別有目的，這種刺探的感覺當然會讓人不舒服。就好比說，你在跟他講A這件事，但他有興趣的是B，兩個人的談話當然不會對焦，講起話來也沒什麼意思。若是你非得跟他講些話不可，但你不喜歡他這樣問話，大可直接告訴他。要是你覺得這些隱私曝光也無傷大雅，你也不在乎讓他知道，那就跟他講也無所謂。

這個問題還有另一個關鍵字眼：「應付」。你不要一直在想著自己在「應付」對方，要是一直在應付也很難受。你要表明立場，否則也不能怪別人——正所謂「柿子挑軟的吃」，既然從你這兒容易挖到隱私，人家自然就會找你，因為有求必應嘛！別人若常來找你刺探消息，你自己也要負責。為什麼你要一天到晚去「應付」別人呢？為什麼其他人不會遇到，偏偏你就常發生這種事情？很有可能是你的性格上容易招引來的問題。

如果你常遇到被「刺探隱私」的騷擾，你要先把關，並給自己明確的定位：你希望自己是一個怎樣的人？要如何去跟別人溝通？別忘了，你是有主導權的人。

喜歡造謠中傷的人

當你跟喜歡造謠、中傷的人說話時，心裡得先知道有些話不能講，他拿這些消息會去幹什麼勾當，你並不清楚。如果你感覺到跟這樣的人講話會造成麻煩，也知道對方不懷好意，就要有所提防。

有些時候，造謠的人甚至會跟大家說：這些謠言是你說的，讓別人以為是你在亂說話。你得在他去造謠生事之前就先去佈局，跟所有相關的人說明清楚，讓他沒有機會傷害到你，這是你要給自己做好的保護措施。

不過，如果非得搞成這樣不可，當然是很累的！要是身邊的朋友或親人就是這種愛造謠的人，你似乎也沒什麼選擇。真正的生活，就像天氣般陰晴不定，你出門要帶傘、要防曬，甚至還要做好防偷、防搶措施，這種預防動作是一門重要的功課。

你要知道自己跟怎樣的人在互動。如果對方是會造謠中傷的人，跟他說話就不是在溝通了，這種形態比較像是戰爭，你要知道該如何備戰，要怎樣保護自己。最重要的是，既然你已經知道他說話有扭曲事實的意圖，什麼話可以講、什麼話不該講，你都必須了然於胸，而且盡量跟他保持一些距離，避免讓這些危險的事情發生。

一直想要搶著說話的人

一直搶話，是不按牌理出牌的類型。講話有點像在打桌球，照理說，你發球完之後才換他發球，他發球之後再換你發球，是有順序的。若有人一直要搶著發球，這球要怎麼打？明明發球權輪到你手上的時候，對方忽然從口袋掏出另外一顆球來發球，是在演喜劇片嗎？這已經不是比賽了，因為有人已經犯規了。

如果是以籃球來比喻，雖然沒有什麼發球權的問題，得分之後就輪對方持球，但比賽過程中仍要一直搶球。對方要搶球，你就得有本事讓對手搶不到，這也是一種要學會的技巧。

要是你遇到一個完全不按牌理出牌的人，他不會安份地照順序講話，當他搶你的話時，你必須知道一件事：這對他來說是一種遊戲，他搶到話會很開心。既然如此，他要搶就讓他搶、讓他說，說完之後你再繼續講，把要講的講完。不管怎樣，話還是得繼續講下去。

如果他總是愛搶話，而你覺得無所謂的話，他可能會認為跟你搶話也滿開心的，大家還

是可以做朋友。如果你非常不欣賞對方一直搶話，可能講一講就吵了起來，以後就不必講了，這也是關係到彼此之間的交情。

如果你認為對方一直搶話的態度非常放肆，你就得告訴他，讓他有機會改過來。但是，要是他不願意改的話，那你還是得接受這樣的事實，畢竟不是你叫任何一個人改，他就一定會這麼聽話的。

此外，你的任務也不是在改正別人，你能做的就是改變自己的心態去接受它，並讓場面不至於失控。要是你沒辦法調整過來的話，那雙方的關係就勢必會破裂了。

講話總是含糊其詞、交待不清的人

在日常說話時，難免有可能會遇到口齒不清、頭腦不清楚的人，講起話來顛三倒四、頭尾不接。那麼，當你沒聽懂的時候，就得問清楚到底是怎麼回事？若對方經常含糊其詞，你就知道他是漫不經心、粗枝大葉的人，跟他講話的時候就得要格外小心謹慎。

辦法是人想的。如果牽涉到商場交易，你可以考慮要對方用寫的，或是用電腦打字列印出來，至少看得也舒服些，交代也會比較清楚。如果在公事上，這個人平常講話就是這樣隨便，沒辦法把事情辦好，就得換另外一個人去處理。

至於平常私底下講話不清楚，若有足夠的時間，你就得多費點心去問個明白。要是他一直都改不過來，重要的事情就要找別人幫他代理，因為他沒有辦法做好這些事情。至於要不要跟這種人做朋友，就是各人的選擇了。

你也不必太在乎非得要跟這樣的人講話不可，因為他並沒有具備「把話講好」的基本條件。若有什麼問題會影響到你，就盡量不要跟他一起做事，不然後面的問題無法收拾，也滿討人厭的。不管怎樣，事情還是要解決；要是這個人真的講不清楚，就只好換一個人了。

說話總是喜歡拐彎抹角的人

你自己要很清楚，對方現在說話是在拐彎抹角，你把自己要表達的重點講明白就可以了，不必跟著他轉來轉去。要是對方一直繞圈子，你就直接問他到底要說些什麼？或者把問題的所有答案列舉出來，直接問他是哪一個，不必在那邊浪費時間。

跟這樣的人講話當然是滿累的。問題是，他不希望直接告訴你，你又必須要知道答案的話，你就要耐住性子陪他講、陪他繞，跟著對方這麼拐過來又拐過去，直到所有能講的都講完了，再也沒辦法繞了，你要的資料或許就會水落石出。想得知事情的全貌，恐怕得耗上很長一段時間，要有長期抗戰的心理準備。

不過，要是拐了這麼多的彎還是得不到什麼消息，那就不必浪費時間。人生不是一定要停在某個角落裡，鑽牛角尖往死胡同裡去了！建議你別再勞民傷財，沒有建設性的事情就別浪費時間了，還是把心力放在其他更重要的事情上吧。

講話咄咄逼人、得理不饒人的人

說話有一個相當重要的基本功，就是不能受到對方的影響。對方說話「咄咄逼人」，那也不過是一種習慣或是個性的問題；就算「得理不饒人」，也只是表現出他是這樣的人，你得理解他說話就是這副德性，不要受到影響。

不管對方再怎麼咄咄逼人、得理不饒人，你該講的話還是要繼續講。你講輸他就認了，如果你可以讓他聽得進去一兩句，多少還是有達到溝通的目的。

為什麼你會經常碰到這樣的人，而且還樂此不疲地一定要跟他講呢？有很多時候，這些咄咄逼人的對象是家人，是很親近的朋友，或是沒有辦法不理他的同事。要是你受不了，就只好告訴對方你心裡的感覺，讓他知道他自己是什麼德性。但是你也得知道，他聽了也不見得會改，這個討厭的遊戲可能要玩一輩子。

你的選擇不外乎是下面幾種：大不了就不跟他講話，如果他每次說話都是老樣子，你就告訴他說：「你又來了！好，你有理，不講了。」要不然，就換個方式跟他溝通，像是寫信、請他人代為轉達等等。或者，你把要講的內容先講完，至於他的態度讓你不舒服，但是他也打死不改，你只能要求自己能夠承受這樣的狀況。

當然，最好的情況是雙方都可以改變。為什麼「進步成長」這麼重要？因為有些人的個性就是有問題，這些讓人受不了的怪脾氣若不改過來，在他身邊的人會很難受，你跟他相處也很難受；大家一起進步，才是最有建設性的方法！

不過，有很多時候是沒辦法強迫對方改變的。朋友你可以選擇不來往，但如果不願意改的人是你爸媽，這些爛脾氣不改變，一年見一次面都嫌多，更何況是天天見面？你逃都逃不

了，長期相處下來也太不健康了吧！有些狀況太嚴重時，不在一起反而是比較好的。

你必須了解一件事：這些人個性上有問題，如果他不醒悟、不改變，不管活到幾歲，一輩子都會是這個樣子。如果你能夠接受就沒事，要是不能接受，搞到自己悶出病來，可能不要跟他來往還比較好。

這些個性上的疑難雜症，如果沒經過專業處理，其他人是幫不了他的，生活的問題會一直重覆——家庭生活很不愉快，親子關係不和諧，夫妻之間也很難有甜蜜的感情，職場上也會受到挫折。如果對方沒有改變的意願，你就得要想辦法進步更多，否則最後受不了的人是你，會發瘋的人是你，得癌症的人也是你。

人生就是不斷地追求進步成長，把自己變成一個有能力的人。遇到這些沒辦法忍受的狀況，要嘛就是提升修養，不然就是想辦法去改變它，只要自己不受影響，這些事情就不會困擾你。

什麼事情都要辯個是非對錯的人

如果你也跟對方爭辯，不管輸贏，最後都是半斤八兩。其實，跟這種人說話的方式就跟「喜歡搶話」或是「咄咄逼人」的情況一樣，你就讓他講到開心就行了，要不然，你就告訴他你沒空聽他講這些。

不過，好辯的人通常都會講很久。你要看看自己有沒有時間陪對方這麼耗；畢竟這種事情大部分都沒什麼建設性，大家這樣鬥來鬥去，時間都浪費掉了，沒有什麼真正的生產。

如果你覺得這樣的辯論很有趣，反正對方就是喜歡找人辯論，既然你有興趣又有時間，大家每天都來喝咖啡、聊是非，也是一種選擇。可能有時候他會認錯也不一定，就算都讓他贏也無傷大雅。至於你要跟他辯到什麼程度、讓他贏到什麼地步，就看看你跟他之間的交情了！

在生活裡，這種成天辯論的行為不算是什麼藝術，純粹只是一種遊戲罷了。假設你天天陪某個人玩棋，他只要輸了就會哭鬧，但你還是每次都陪他玩，就這樣日復一日、年復一年，他永遠都不會進步。要是你跟他都覺得這樣很好玩，那麼大家就繼續交朋友；如果你覺得不

好玩，當然就只好放棄囉！

基本上，如果遇到這種人，你就直接跟他說：「我沒空陪你扯，我就算不賺錢也要去找樂子！」要是你有空，便可以捨命陪君子，這也是人生的一種修養，大家在一起就是有緣。所以，就看你要如何選擇。

講話口氣很兇惡的人

跟口氣兇惡的人說話，用平常講話的方式就可以了。最主要問題是因為「害怕」，沒辦法面對兇惡的人，這是你的弱點。

你只需要知道，對方只是用這樣的方式表達，那是一種說話的形式罷了。或許聲音是大了點，態度也不是很友善，你不必太在乎或感到害怕。反正他就是那副德行，你就用平常說話的方式去跟他溝通便可。其實對方不見得有什麼惡意，也不一定是兇神惡煞，他只是控制不住自己的情緒跟表情，跟你說什麼是無關的。

對方說話很兇惡，就讓他盡量大聲就行——重點是你要練習如何去面對兇惡的人，你得

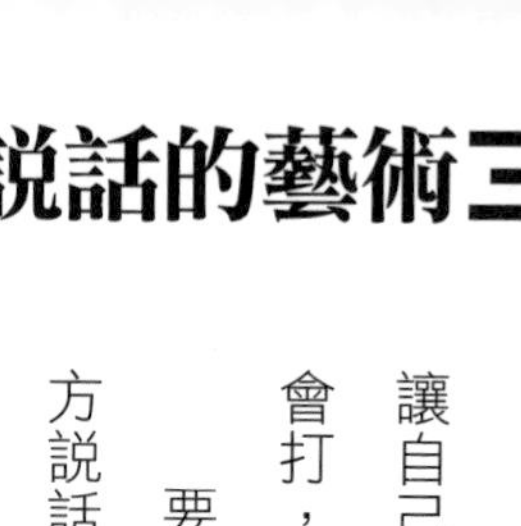

讓自己不被他嚇到。如果你不怕，就不會有什麼問題。就像打拳，如果對手很能打，你也很會打，那你就不必怕他。要是你不會打，那你就只有挨打的份，就這麼簡單。

要去應付這樣的人，就得要學會面對兇惡的態度；當你不會害怕了，可以正常講話，對方説話的態度對你沒影響之後，或許就兇惡不起來了。換句話説，你對於兇惡的「承受力」才是真正需要進步成長的事情，而不是一直想著對方很可怕，那你就不能講話，就只能一直被對方影響，變得非常地痛苦。這是你自己面對能力不足的問題！如果你覺得這是一個非常嚴重的弱點，就只好多下苦功去練。等到你會了，能面對了，就不是什麼大問題了。

只要是人，難免會有些比較弱、比較無法面對的部分，一定要想辦法補起來。這就像打擂台一樣，在筋疲力盡的關鍵時刻，只要能夠多揮一拳就贏了，那你就得讓自己有本事揮出那一拳。可是，如果你的氣力比人弱、意志力比人差，當然就被打趴啦！輸了也不能怪別人，這是適者生存的世界。

當我無法面對某種類型的説話對象時，該怎麼辦？

對你來說，你可能把這些問題看成很嚴重的事情──這傢伙怎麼會這樣討人厭，或是他怎麼會那麼奇怪？這些狀況不一定是固定模式，但有一個相同的問題：你沒有辦法面對。

他喜歡這樣說話，就一定會這樣說話。對你來說，最重要的是去了解他是這樣的人。舉例來說，既然你知道這個人說話表裡不一、笑裡藏刀或顛三倒四等等的狀況，那就沒有什麼好去談論「要怎麼說話」的問題。只要你能夠了解他是這樣的人，你要想的是：如果跟這樣的人說話，要達到怎樣的結果？這才是問題的重點。

每個人無法面對的說話對象，有各種千奇百怪的類型。有人不喜歡亂講話的人，有人不能接受說話不合邏輯的人，有人無法面對脾氣很糟糕的人，也有很多人無法面對心地邪惡的人；甚至連長得太帥、太可愛的人，都還是有人沒辦法面對。然而，不管對方是怎麼樣的人，你應該在乎的是：你要跟他玩怎樣的遊戲？要怎麼跟他玩？你要用什麼樣的心態去看待這個話局？這才是重點。

你跟他過招之後，是要拼個你死我活呢？還是點到為止？或是任憑他照自己的意思做？

你必須知道，說話是要有產品的。就像在開車時，你要知道開到哪兒去？現在是該左轉呢，還是往右轉？而不是一直在乎輪胎抓地力不夠強、方向盤不夠順、馬路的坑坑洞洞沒填好……要是真的沒辦法開到目的地，那就換輛車吧！只要車子還能夠走，即使會抖、很吵或是坐起來不太舒服，都還是可以忍耐的，是不是？

俗話說：「一樣米養百樣人」。為了要把各種人的應對方式給弄清楚，就去準備千百種的說話版本，其實是沒必要的。重點是：你要的結果是什麼，就朝著那個方向前進；如果有東西阻擋你，就想辦法把障礙排除掉。要是這條路行不通，就換條路走！事情就這麼簡單而已，不必想得太複雜。

在面對這些不同類型的人時，溝通的問題有很多類似之處。譬如，怎麼樣應付喜歡講髒話的人？怎麼樣跟刻意表現出自己比別人厲害的人說話？遇到不懂裝懂的，或是喜歡嘮叨的人要怎樣對付？遇到講話沒感情的人，講沒幾句就講不下去，該怎麼辦？老實說，這些問題其實跟心不在焉、漠不關心、沒禮貌等等問題都很類似。反正他就是沒禮貌，你要怎樣把話講得很好聽，而且還要期待對方很有禮貌地回應你？那是不可能會發生的事嘛！

這些關於「什麼人該怎麼應對」的問題，雖然在本系列的書裡面多少都有提到，但你必須知道，平常大多數的類似問題都沒有什麼建設性，有些甚至非常負面，也不是一朝一夕能夠解決的。這些問題，幾乎等於是講到「要是沒辦法跟這種人說話，是不是乾脆把他殺掉比

較快？」這已經不是藝術應該討論的範圍了。

不管是哪一種狀況，你只能想辦法讓對方能夠了解你說的話。不管是多講幾次也好，講慢一點也好，最後還是要講到有明確的結果。尤其當這些無法面對的對象是你身邊很親近的人，平常有很長的相處時間，更應該找出一個彼此都能夠面對，也能夠接受的溝通方法。

若是真的講不出個所以然來，不一定要堅持繼續說話——你得知道，**這世上沒有什麼非得成功不可的事情，或是非得怎樣說話的方法。**一輩子的時間這麼長，難免會遇到一些很難面對的人，大家都是一樣的。就算書裡告訴你要怎麼應對，就能保證一定成功嗎？在你還沒準備好之前，能怎麼辦？只能願賭服輸。現在遇到了這些問題，而目前的你就是這樣的水準，不要妄想著你一定可以改變對方，或是用某一種溝通方式讓對方改變心意！

這世界上仍有很多事情，不見得靠溝通就能解決，難免還是會碰到暴力欺壓、身心病痛或是天災人禍等等；就算你的水準很好，也不見得一定能夠無往不利、事事順心，一樣還是會有很多沒辦法處理的情況；有些時候，就算你有了方法，卻不見得有面對問題的意願。所以，不必太在意一定要找到解決的辦法，你只能儘可能地讓自己變得更強壯、更有能力，才能在險惡的環境之下存活。

但是，如果你想藉著某種方式去達到目的，希望箭射出去一定要命中紅心，我只能這樣告訴你：人生裡從來就沒有穩贏不輸的方法。你以為練成神功之後，就一定會天下無敵？錯了，就算英雄最後也是會死，再厲害的人也還是會有破綻。

追求藝術是為了美，那是一種境界，那是「心」的感受，是「情」的感動，並沒有對錯之別。千萬不要陷入「對錯」的迷思——**所有的事情都沒有絕對的對錯，只有選擇而已。**

藝術是一種享受，是一種體會；是經歷，是創造，沒有對錯，也沒有非怎麼樣完美或成功不可。說話是為了瞭解，這關係到不同的心境，創造出不一樣的滋味，只要你有在進步，每次的說話都是一種創舉。這門藝術值得品味一輩子，永遠都可以不斷突破再創造，遇到極限再突破！

第 8 章

特殊狀況的應對

我希望一位朋友還錢，但他每次都說一大堆推託的藉口，最後搞得彼此都不開心，該怎麼辦？

你要讓對方知道，你要的只是一個簡單的動作：跟他拿錢，而不是要跟他辯論，也不是一直聽他講那些藉口。你應該告訴他：「不必講那些，現在就是要你還錢，就是這麼簡單。」簡單扼要，把重點講出來即可。

或許他有很多的藉口，你就告訴他那是他的問題，這些不是你要解決的事情。他借的這筆錢到底是還或不還？什麼時候還？這樣就可以了，不必講那麼多廢話，也不必聽那麼多藉口。你會一直聽他講一些推拖的理由，就是收不到錢的重點——你不要聽嘛！

另外一個關鍵，就是當你借錢給對方的時候，沒有講好什麼時候還錢；這就是你自己的問題了。畢竟你當時沒跟對方講清楚，就算講好了期限，到時候他反悔了，你還是得吞下去啊！要借錢給別人就得要冒這個風險。銀行貸款時一樣也不知道會不會還，只能有耐心地跟欠錢的人催討，要是真的追不到錢，倒了就倒了，你也不可能把對方給殺了，對吧？

對你而言，最重要的就是把錢收回來。所以你必須直接一點，告訴對方不要講那麼多藉

口，彼此把目前的情況再檢視一次，到底什麼時候可以還錢？要是一次還不完，可以分幾次還？你可以接受的範圍是什麼？最重要的就是跟對方取得共識，什麼時間點可以把錢還你。如果他這次講了又不算數，你也只能認了，可是你還是要繼續溝通，欠久一點無所謂，一直到最後把錢討回來為止。

要別人還錢是非常有趣的事。俗話說：人有兩腳，錢有四腳（角），錢當然比人還會跑！既然你是債主，沒有其他的辦法，就只能繼續再跟他追，直到錢要到了為止。最糟糕的狀況就是丟了這筆錢，也丟了這個朋友，自己只好摸摸鼻子認栽了，接受這個事實。

要討債時，不要花太多時間去聽他說那些藉口，這些藉口都是假的，但也不能跟對方撕破臉，要是真的撕破臉，錢當然也拿不回來，這當中的分寸就是你的拿捏了。所以，**你一開始就要表明，不必講這些理由，直接講明現在可以還多少，後面什麼時間點可以還多少，把重點講清楚，大家同意就可以結束了。**不必一直花時間推拖來、推拖去，要不然這樣搞下去兩邊都不開心，明明知道沒效還一直故意拖延，大家都沒好心情，既勞民傷財又浪費時間。

但不管怎樣，只要你借錢給別人，就要知道這筆錢可能會拿不回來。若是你會擔心，就不要借人家錢，不管對方給你什麼保證，世事多變，只要沒還錢就不算數。既然當初你決定要幫他，就得抱著「好人做到底，送佛送上天」的心理準備了。

借錢這件事，是人生應該學習的修養，考驗一個人是否有足夠寬闊的胸襟。想當一個好人，就不該要求任何回報，要不然最後落得「好心沒好報」的下場，總是怨嘆蒼天無眼。「錢重要嗎？情重要嗎？」想清楚這件事，是人生必修的一堂課。

當我需要開口向人家求助時，需要注意哪些事情？

人生在世，難免會遇到有求於人的時候。對許多人來說，「有求於人」似乎就等於自己必須卑躬屈膝、喪盡尊嚴，是相當難以啟齒的一件事。其實，這種委屈自己的心態是不需要有的，或許今天你有求於他，搞不好哪一天換他需要你的幫忙，風水輪流轉嘛，人跟人之間本來就是互相幫忙。

當然，畢竟現在是我們有求於人，姿態當然要低一點，要讓別人感受到足夠的誠意。跟不同的對象求助，也要以跟對方的交情與狀況而做出不同調整。在這裡，我們以最完整的方式來說明每個細節，做為解決問題的方向。

❶ 徵求同意，告知溝通時間

首先，要徵求人家的同意。你得先詢問對方有沒有時間，確認對方願意跟你講話，且要告知需要多久。最忌諱的，就是人家沒有要跟你講話，你就莫名其妙的提出一堆求救訊息，這是一個很糟糕的開始。

若他有時間聽你說話，你要先告知對方會講五分鐘？十分鐘？還是一個小時？當他跟你說只有三分鐘，你卻講了半小時，最後人家跟你說沒時間了，也不想聽你說了；千萬別讓這種事情發生。你需要多少時間說話，必須很精確地講清楚；有些時候，對方沒有時間跟你閒混瞎扯。

所以，當你要開口之前，要讓對方先了解你的來意。你要很清楚地告訴他，你是來尋求幫助的，他如果願意聽你說話，就可以把需要幫助的事情說出來。時間到了就要停止，否則對方幫助的意願有可能會因此降低。

❷ 無所隱瞞，據實相告

有求於人之前，你要把事情的來龍去脈講清楚、說明白，不要刻意隱瞞一些事情，甚至用騙的。下面先來兩個不良的示範。

「你不需要知道太多細節。」既然他不需要知道，也就等於是把他當外人，如此一來，他又何必要出手相助？

「反正事情就是這樣。」事情就是這樣？那到底是怎樣呢？

還有更糟糕的，是這種霸王硬上弓的說法：「我不能告訴你，你幫我就對了。」這會讓人摸不著頭緒，人家不太知道該不該幫你，既沒誠意又強人所難，有種不能信任的感覺。

你要解釋到讓對方明白你現在遇到什麼狀況，困難是什麼。要是你欺騙對方，只要對方知道你不老實，以後不但不會幫助你，連你的人格、名聲都完蛋了。

尤其像是借錢這種事，最常發生衝突。你跟對方說借錢要去還房貸，後來卻把借來的錢拿去買新車，對方發現之後，突然對你說：「抱歉，我錢不能借你了，請還給我！」因為他覺得受騙了，當然會不高興啦！信用也就破產了。

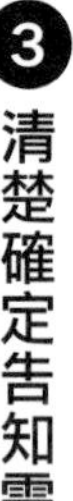

3 清楚確定告知需求

講清楚需要幫助的是什麼，重點在哪裏。你是要他幫你出面解圍呢，還是要他幫助你出

錢？還是要幫你搞好人際關係，在老闆面前幫你講些好話？需要對方做的那件事情，要清楚地說出來，而不是隨便對方的意思，到時候看該怎麼辦就怎麼辦——沒有人會知道該怎麼辦的！事情辦不好，大家都下不了台，也會傷害彼此的感情。

你的事情，別人很難幫你決定。你一定要講清楚自己需要怎樣的幫助，對方可以扮演的角色是什麼，提供的協助又是什麼，要不然，求助成功的機率就會非常非常低。這就像導演在選角色的時候，得告訴對方該扮演什麼角色，這個角色到底要怎麼呈現？要說些什麼話？演多久、有什麼限制等等，都要跟對方講明白。如果講不清楚，對方就不太知道該怎麼扮演這個角色。

一般人在幫忙時，常會因為不了解這些事情而造成誤會。你需要他往東走，但是他誤解成往西；你需要一張白紙，他卻弄一條白毛巾給你。不要到時候對方做的跟你講的不一樣，或是人家思考的方式跟你不同反而幫倒忙，本來對方是一片好心，結果變成了狗咬呂洞賓，以後就再也不會幫你了。

4 時間、情況的迫切程度

第四個，就是表示你目前情況的緊急性、相關必要投入的資源、時間、精神、體力等等，都要說明清楚。

對方除了需要知道要幫什麼忙之外，他也得知道這件事情的急迫性，是今天就要搞定呢，還是下個禮拜搞定也行？需要多少資源才能辦妥？有些人可以忍受三、五天的短期協助，不過當他一聽到要這件事得搞個半年，或是每天都要熬夜，體力上無法負荷之類的，可能就會打退堂鼓了。

請人幫忙之前，這些附帶的狀況都要說明清楚，讓對方能夠正確地評估自己能幫上多少忙。若失敗的機率太高，對方沒有正確的資料，又怎麼幫得上忙？若人家拼命地幫了忙，但結果不如預期，事情也沒有搞定，幫忙的人也不會開心，這種情況你得自己吞下去。

5 未來後續可能的狀況

你必須把後面會發生的狀況模擬出來，老實告訴對方所有的可能性。幫了這個忙之後，會有什麼樣的結果？後面有什麼問題需要解決？有什麼後續狀況可能會發生？

譬如說，你幫了我之後，我可能就不能再跟你見面，或是你精神上會有所消磨，甚至是你可能會失去名聲、失去工作等等。這些後續情況有很多種，重點是要怎麼去善後？

舉例來說，朋友幫你搬家了之後，剩下的垃圾要丟哪兒？原來的地方該怎麼打掃？由誰來掃？你以為這些事情朋友會幫你處理，他卻認為他只負責幫你搬東西，善後是你應該要做的事情，一開始沒講清楚，後面又造成誤會了。這些事情也要讓對方知道，幫完之後的情況還是要說明清楚。

6 能幫多少？幫到什麼程度？

你要求助於某個人的時候，對方能幫多少一定要搞清楚，如果沒有搞清楚的話，雙方都很痛苦。你要考量對方的意願，確認他所能夠幫助的程度——他的底限在哪兒？願意幫忙的程度有多少？不要莫名其妙就以為他一定會做得很好，或只是幻想他會怎樣幫你。如此天真的想法，最後只會換來許多的失落。

有些時候，對方沒辦法幫你太多，卻又怕你受到傷害；就算他幫了你之後，可能會覺得你怎麼都沒有表示一點意思，後面就心生怨恨而撕破臉，或是幫了一半就不肯再幫了，你必須要有心理準備。

當幫忙的事情告一段落的時候，有些人是要有回饋的。有人要跟你交換條件，有人則是有報酬才會幫你辦事，有人則是要看你的誠意，看你送的禮有多大，或是有沒有請他吃飯之類的；也有些人幫你忙的理由，是對你另有所求。有道是「人情債難還」，欠了人情就是讓人不舒服的地方。

請人家幫忙前，對方需要的籌碼、價錢、報答、利息等等，全都要事先講清楚，要不然搞到人家到處說你忘恩負義，或是黑道上門討債就不好了。尤其是男女之間要特別注意這種狀況，有些道德不高尚的人，你請他幫個忙，他甚至要求跟你上床，這就慘了。

會發生這種事，都是因為當時沒有講清楚。剛開始是你有求於人，所以你纏著對方；後面發生糾葛之後換他纏著你，彼此糾纏不清，誤會又一直發生，就會變成生活中莫大的困擾。

7 心懷感激

你有求於人，只要被幫助就是「欠人情」，應該要心存感激才是。如果你得到了幫助，

卻又不願意感謝對方，甚至很討厭一輩子要去記得這份恩情，這樣的態度當然不適合去求助別人了。

俗話說，「受人點滴，必當湧泉以報」。你受了人家的恩惠，還給人家的一定要比他所想的還多，不管他跟你要什麼，你一定還要補上其他的，請吃飯、送禮、感謝等等都行。有時候是生意上面，有時候是人際關係上的來往，有些純粹是朋友之間的幫忙，有些是舉手之勞，每個人與每次的情況都是不一樣的。

有些恩情，真的需要感激一輩子。別人幫了你之後，還是要有這些回饋的動作，要不斷的感激。有機會你還是要提起，要去謝謝對方，記住人家曾經給過你的好處。這是一種待人處世的修養，也是做人的基本道理，大家在一起才會有意思。

需要請人幫忙時，一定要記得以上七點，對你是防身的法寶。把每一步確實做到好，才不會覺得事情搞不定，在一種「懸而未決」的狀態。

「請人幫忙」像是一把兩面刃，處理得好便能肝膽相照，處理不好就會撕破臉，本來是朋友，卻變成了敵人，成為心裡一輩子的疙瘩。所以，很多時候我們不喜歡找人幫忙，覺得別人沒幫到忙也就算了，甚至幫倒忙、遭人背叛。會搞成這樣，都是當初在溝通的時候沒

把該注意的事項說清楚，你也沒有履行自己的承諾，當對方出手相助之後，你拍拍屁股就走人，讓人覺得自己沒有利用價值就被冷落了，心裡頭很不舒服。

尤其是愈親近的朋友、丈夫或是父母，明明是你有求於人，表現出來的態度卻是這麼地強硬。你想要得到自己需要的東西，卻沒有徵詢別人的意願，做出來的表現也不是對方滿意的，這種吃定對方的心態，會讓你永遠搞不明白人情世故，也是人際關係崩壞的原因之一。

以上這七點非常重要，有求於人之前，多想想怎樣把這些步驟做得更圓滑，讓自己得到協助，別人要幫你也會覺得舒服；但也不必過於謹慎，一般來說，只要把話說清楚，明理的人不會刻意刁難，讓你沒台階可下。

雖然請別人協助只是處理一時之需，可是求助於人的態度是否正確，將會影響一輩子。

該如何拒絕朋友的好意又不撕破臉？

拒絕對方的好意是常有的事。至於會不會撕破臉，就要看你怎麼講了。但是，如果真的拒絕了之後會撕破臉，說句良心話，這種人也不能算是真正的朋友。

要是你每天都在擔心拒絕對方會不會撕破臉，我得提醒你一件事情：你跟朋友之間的境界、水準有可能差距過大。這樣的朋友就算你不去拒絕他，雙邊的關係遲早也會出問題，就算有交情也只是淪於表面，頗難推心置腹。

所以，他會不會跟你撕破臉，並不是你要考量的重點。就算對方是出自善意，你還是有拒絕的權力，你可以講出你不接受的理由。要是你每天都在擔心和他撕破臉，連一句拒絕的話都不能講，你只能去讓他開心，委屈自己順著他的意思，甚至要捧他、服侍他、呵護他；未免也太累了吧？

你要能夠看清楚，**大家能夠交朋友就是因為層次一樣，既然彼此是朋友，就應該要能夠理解**。要是你跟對方解釋的那麼清楚，他還是要撕破臉，這種朋友不交也罷！

如果你是自己心甘情願，也就算了。但是，如果你不能拒絕他，卻又違背了自己的心意，這樣的朋友讓你不能做自己，表示他並不是很在乎你的想法。要是你不順著他的意思，他就要跟你翻臉，那你何不跟他說：「你不能接受我的拒絕，我就跟你撕破臉！」大家來比比看，誰比較會演「撕破臉」這一招，然後來決定要聽誰的話。如此一來，「撕破臉」豈不是變成了一種爭勝負的手段？

所以，當你希望拒絕時，不必過度擔心，只要以「正常心」的態度跟他說明，把你不能接受的理由說清楚，只要是正常講理的人，應該都能夠體諒。如果對方還是要跟你翻臉，不交你這個朋友是他的損失，你也不必替他想這麼多。

我建議朋友之間，說話還是誠實一點，這段路才能走得長久。沒什麼道理一定要看著對方演某一招，心裡受到威脅，心不甘、情不願地在往來，有這樣的朋友就算撕破臉也不是什麼壞事，你應該好好慶祝一番才對。

電話交談時，有哪些要注意的事項？

以現代的狀況來說，大部份的人不像以前會講那麼久的電話，比較多的溝通是藉由簡訊、電子郵件或即時通訊。但是，如果藉由電話或手機溝通時，有一個很重要的關鍵：簡捷清楚。

一般來說，電話交談比當面交談的干擾更多。只要風太大、環境噪音、捷運進站、飛機起飛等等外在因素，都會造成極大的干擾。你要想盡辦法把口語起來，讓對方能夠聽清楚你

要說什麼，要不然一旦訊息複製錯誤，後面的結果就很難收拾！

另外一個重點，就是愈簡短愈好。電話不是拿來談情說愛或聊天用的，兩個人若真的有話要談，最好見面再說，或是用電子郵件寫清楚。把你要講的事情快速交待完畢，趕快掛掉電話；尤其是公共場所，千萬不要講太多廢話。

當面講話時，你看得見對方的表情。但講電話時察覺不到，所以得特別注意輪流說話的「切入時機」。你講完再換我講，我講完換你講，一個循環結束了，再換另外一個循環，這就是所謂的「溝通循環」。這有點像在打乒乓球，桌上只能有一個球，所以一次只能一個人講話，而且要特別專心的聽，不能兩個人同時搶話，溝通才會順利。

電話交談最容易犯的問題就是兩個人同時講話，誰都沒有聽到對方在講什麼，然後又要重新講一次，重講時又兩個人又同時搶話，弄得雙方都很累，交談的水準跟品質就差了。除了沒辦法順利傳達訊息之外，還讓人覺得非常痛恨跟你說話，對你的印象也會變得很糟糕，很多的情緒壓力與不舒服就這樣發生了。

有些特殊的狀況，例如需要長距離訪談、越洋電話或是迫不得已要靠電話細談的情況，只要環境安靜、兩端收訊都很清楚，就不會有太大的問題。在這種情形之下，要特別注意的就是通話禮儀，絕對不要讓情緒氾濫，避免在電話裡吵架，否則若有一方掛了電話或不再接聽時，溝通管道就斷線了！

現在可以利用視訊通話的方式，見到對方的表情，但是當訊號延遲的時候，溝通效果也不見得比較好。你一定要聽清楚對方說些什麼，當他講完了之後，你要馬上接話回應，要不然等一下他會說：「哈囉，哈囉，你聽得到嗎？」

「你在那邊嗎？有沒有聽到？」

因為你沒回應，對方不知道你有沒有聽見，就得再問一次，便會耗掉很多來回的時間，既浪費錢又浪費精神。

一般講電話時因為看不到對方，很多時候會不夠認真，一旦沒聽清楚，就錯過了重要訊息，一個不留神就說錯了話。所以，最後要提醒各位，講電話的時候一定要專心。那些沒有目的、沒有結果的話通通都不必講，要是你拿著話筒胡說八道、亂講一通，到底要幹什麼呢？說話不認真，就乾脆不要講，尤其打電話還要付通話費，實在太勞民傷財了。

求職面試時，說話需要講究哪些重點？

求職面試的領域，有非常多的細節可以深入研究。不過，這裡只提說話的重點，給各位一個參考。

在面試的時候，講話一定要有自信，要給對方陽光、正面、情緒高昂的感覺。至於平常溝通裡應該具備的條件，譬如自然、誠懇、對焦的應答，當然一樣都少不得，最好你還可以做到「錦上添花」的感覺。

「錦上添花」是什麼意思呢？比方說，好菜要上桌了，雖然菜煮得很好吃，還是可以擺盤一下，加上一些討喜的裝飾。如果對方問你一些問題，你除了仔細地回答之外，還可以講一些比較幽默、有趣的話，這些都有加分的效果，給面試官一個好印象。

你要先曉得，面試官見你的目地到底是什麼？他想看看你這個人到底能不能用。可能你在履歷表上寫得很漂亮，學經歷條件都很優秀，人家叫你來面試，就是要看你是名副其實呢，還是只會紙上談兵？

面試看的是「人」。人有什麼好看的？不見得是長相好不好看，更重要的是你給人的感覺怎麼樣？是幹勁十足呢，還是意興闌珊？是忠厚老實呢，還是油嘴滑舌？是真心來貢獻的呢，還是另有他圖？這些事情，就是要實際看到本人才會略知一二，你得讓自己看起來「好看」一點才行。

至於所謂的「試」，到底要試些什麼？就是試你會不會講話，試你能不能做事。既然你希望被錄用，就要讓對方知道你能為這間公司帶來什麼貢獻。雖然你還沒被實際錄用，但從面試的交談中，就可以大致了解你的溝通能力到怎樣的水準，甚至也能夠判斷你能在團隊裡發揮什麼樣的影響力。

回歸到最關鍵的部分：自信。面試者在自信上的不足，或是讓面試官覺得你並不是對這份工作很有興趣，往往是不被錄取的主要原因之一。你必須讓對方知道自己能夠勝任，這份工作讓你來絕對沒問題，當你說話有了自信，後面的問題都會比較容易解決。

簡單來說，面試的談話必須給予對方良好的第一印象。至於這個印象要多好，就看你能掌握面試官的喜好到什麼程度了。

什麼樣的話透過「第三者」表達會比較好？

透過「第三者」傳話，得要看看這個第三者是誰，並不是每個人都可以勝任。不過，既然不是你自己親自出面去說話，情形不外乎是下面幾種：

第一，是你自己不方便說，或是不能親口說出來的話，交由第三者來講會比較好。例如讚美自己的話，你不方便讚美你自己，或是自己不便說出的真心話，由別人來說就會好聽一點，這些話藉由第三者來傳達會比較好。

第二，是你要表示反對，但你的身份特殊，不適合出面扮黑臉，這時就由第三者來幫你說話會比較好。比方說，你對於一個同事的工作態度有意見，如果你對他坦誠相告，他一定不能接受，偏偏現在你的處境並不適合得罪他，那就透過主管或其他同事來幫你當壞人，好人讓你當，運用雙管齊下的方式來處理。

第三，你可能需要某個人做些什麼事，但這個指令並不適合由你來開口。這種指示、命令或是暗示對方應該怎麼做的事，就由第三者來執行會比較好。比方說，你的鄰居常在深夜打麻將，嚴重干擾到睡眠品質，你希望他們可以安靜一點，但對方不見得聽得進去，此時便可以請警察出面制止。

所有那些不該由你來講的話，你自己不方便、不好意思講的好話、壞話、意見、命令或指示，或是對於別人的批判，由第三者來講都會比較好，若要自己來講當然就會比較冒險。

你最好找到一個合適扮演第三者的人來幫你轉達訊息，甚至可以一搭一唱，讓對方有更深刻的印象。但是，若是找了一個不能勝任的人當第三者，對你想要營造的結果可能會事倍功半，還要花時間去彌補溝通上的失誤，必須特別小心這樣的狀況發生。

第 9 章

職場上該如何聰明說話？

公事的交談，應該注意那些問題？

談公事的目的，就是為了把事情做好。這是一個專業的態度，要把效率盡可能地提升。談公事是以「專業」的角度在說話，為了更有效率，說話必須更直接扼要，對事不對人，不會去談一些八卦或閒聊，在時間控制上必須更謹慎。

不過，就算是講公事，說話的基本元素一樣都不能少，一樣要自然，要讓對方舒服，說話要對焦。跟平常溝通方式最大的不同，只是在於「目的」——**談公事更著重於「生產」**，**就是快速的講出重點，盡可能節省時間達到最高品質與目標**。

團隊的溝通方向，就是以愈短的時間，得到愈高的成效，做出好產品，給予高品質的服務，這就是所謂的「專業」。既然如此，你要知道這次的產品是什麼？彼此快速地把產品做出來，講話就快、狠、準，絕不說一堆廢話。不管是要談判，還是要簽約、講價錢，兩邊都要開門見山地把需求跟條件說出來，越快越好。當然，也有些人欣賞「好事多磨」的類型，那就看各人的風格了。

速度快是為了縮短時間，除了增加效率之外，也可以減少許多不必要的猜忌與誤解，避

免節外生枝。浪費愈多時間講廢話，愈容易產生不必要的情緒。

所以，談公事不該太囉嗦，也不必講一些與生產無關的東西，彼此之間一問一答，把重點講完，事情也就辦好了，看是要簽約成交還是要製造出成品。以上種種，都是談公事的過程中要注意的重點。

要怎樣說話才能讓下屬言聽計從？

人是很現實的。對他來說，除了能夠懂、覺得合理之外，他認為這樣做有好處，自然就會聽你的。

基本上來說，身為上司的人自己要行得正、坐得穩，以身作則，而且要懂下屬的心，講的話要讓對方覺得有道理，讓他明白這樣做對他是比較生存的，而且你是真的有心要教他。

如果你並不是真的有心教他，也不打算跟他講清楚，那就完全看雙邊的利益跟方向了。

你所提到的「計」，下屬到底要不要「從」？或許他會聽，但是他之所以聽從你，一定有他沒告訴你的理由。

要是彼此合作有利益上的關係，或是他有要追求的目標，要他聽你的就容易了。但一般來說，做上司帶人要帶心，你要下屬死心塌地跟隨你，自己一定要以身作則。你要言之有物，要有正確的方向目標，你也要真心對他好，要讓他覺得聽你的是對的，否則沒有其他更好的方法——你叫部下上陣殺敵，你喊「殺！」喊得很大聲，但自己又躲起來，下屬當然會覺得：「我幹嘛替你去送死？」如果是看在錢的份上，或是有什麼其他的好處，大家合作的方向又不一樣了。

不管是哪一種配合方式，你都要學會溝通。如果領導者把話講得讓人覺得難聽又討厭，下面的人是絕對不可能心服口服的。一般的上班族為什麼常對上司或老闆這麼有意見？就是因為溝通出了問題。

要讓人家聽你的，就得繼續保持溝通。千萬不要以為你講過一次，下屬就會照著做十年，那種想法真的很愚蠢。只要你能夠把話講好，讓下屬覺得自己被了解，人家舒服了，所有的問題就不會是問題。

身為主管，說話有哪些忌諱？

主管是領導職，下面有人要管理，要扛的責任也比一般職員要重。主管說話的忌諱，我們從以下幾個方向來談。

❶ 不批評你的上司

雖然你身為主管，上頭還有老闆，最大的忌諱就是去批評你上頭的管理者。不管你對上司或管理階層有多麼不滿，也不該隨意在下屬面前放肆批評，若是你這麼做，便會引起人家背後說閒話，不但影響到你在公司的人脈與風評，上級對你的信任、領導統御能力等等，也會大打折扣。

你應該與你的主管站在同一陣線。就算你不欣賞上級的作風，也應該私下溝通，而不是到處去放話攻擊你的上司。

❷ 不實際的自信

身為一個主管，必須要適時地顯示出自信，這一點非常重要。你要有自信，才有辦法帶動你的屬下，如果你讓人感覺很害怕、沒信心、對公司心存懷疑，或是對於某些事情束手無策，讓人抓到弱點，這些都是非常大的忌諱。相反地，你對自己也不能過度膨脹，老是往自己臉上貼金，打腫臉充胖子或是老王賣瓜，都會讓人覺得很討厭。

如果你說你很怕，部下當然也會害怕，他幹嘛跟著一個畏畏縮縮的主管？如果你逢人就說自己很棒，人家聽了也不是滋味，什麼事都讓你來幹就好了。所以，當你在表現自信的時候，必須在過與不及之間掌握好分寸。

❸ 不亂罵下屬

亂罵的意思，就是毫無目的、毫無理由地責罵他們，或是過度地指責，把他們罵到很沒尊嚴。

你用這種態度跟下屬說話，他們或許會怕你，會聽你的話，但那是因為你是他上司，在職場上他不得不照你的話去辦事。一旦把頭銜拿掉之後，你將會被批評到一無是處，私底下

人家也不屑跟你來往。

在某些時候，主管確實要懂得如何當「壞人」，用嚴厲的態度推動屬下前進，但這不代表是謾罵、瞧不起，把他們的尊嚴丟到地上踐踏，這種說話方式不僅對團隊沒有好處，也會破壞你自己的威信。簡單地說，你把部下當人看，他們就會把你當人看；你若把他們當成狗，他們就會把你當成豬。不管什麼身分地位，說話的基本都是一樣的。

❹ 不說負面的話

身為主管的人，不該說負面的話。就算是平常做人，也不應該讓別人覺得你很消極，有過多的負面情緒。

主管必須學會如何激勵下屬。在公事上，有些任務確實不容易完成，主管除了必須以身作則、身先士卒之外，也要多說正面的話鼓勵大家。你所有的一舉一動，部下們全都在盯著，如果你常說負面的話，讓人感覺你很情緒化，或是認為你這個人不是很正派，這些都會對你造成難以想像的破壞性。

主管要比一般職員扛更多的責任，言行上必須更謹慎。以上這四個忌諱給各位一個方

向，避免職場上無謂的事端，也讓自己明哲保身。

如何與上司說話，才會讓上司賞識自己？

只要你跟上司正常說話，他就會賞識你了。你不需要因為他是上司就變得很拘束，好像坐也不是、站也不是，過度地矯揉造作或是變得特別有禮貌，這樣的說話方式會讓上司很不自在。雖然你的表現很有禮貌，刻意要讓對方感覺你很尊敬他，可是這種感覺並不舒服，也不自然，更不真實。

當然，沒禮貌是絕對不行的，你不能隨便蹺著二郎腿在那兒胡說八道，該有的禮貌一定要有。但是，你不需要變得非常拘謹，好像變了一個人似的。你不能把自己搞得像他的女朋友一樣親密，也不能故意表現出咱們兩個是哥倆好——誰跟你哥倆好？

有一種人，上司都還沒講話，他就說：「是！」就像皇太后身邊唯唯諾諾的小太監，什麼都喊：「喳！」人家當然心裡會覺得：「怎麼回事啊？這傢伙不正常吧！」你得知道，對方的身份是你的上司，可是你要舒適自在地說話，不要讓人覺得你有一種刻意應付的意圖。

要讓上司賞識你，有兩種情況：第一種，就是你說的話讓他覺得非常有自信而且見解獨到，或是和你相處非常舒服，可能很有氣魄、很有雅量、很有才華、很有能力等等。在這樣的情況下，他覺得你值得被重用，當然會賞識你了。所以，你該真誠地對上司講出自己的看法與建議，也要得體地說出上司的優點，展現出自己的胸襟與格局。

另外，你說的話也必須讓他知道，彼此是同一陣線的戰友。譬如說，上司想要打仗，而你表態自己能夠上場打仗，他當然就會賞識你了。他想要節省成本，你剛好跟他聊到控管成本的獨到心得，他當然也會對你另眼相看了。

第二種情形，就是能夠了解上司的心思。你必須在跟他說話的時候，呈現出他心裡想要的東西，給他一些有建設性的建議。很多時候，上司在某些領域不一定比你專精，他必須知道要怎麼運用你的能力來做事。若是他覺得你的建議很不錯，彼此合得來，他就會欣賞你，提拔你。

當然，了解對方不是一件容易的事，需要用點心思。如果你能夠了解他的想法，也能夠幫助他做出更多的貢獻，當然一定會受到重用。

什麼樣的說話方式，會變成影響升遷的障礙？

既然跟升遷有關，就得跟公司的風格，團隊的需要與老闆想要什麼很有關係了。如果你跟公司的方向不一樣，你心裡想的跟公司所要的是不同的，當然就會影響你的升遷之路。

至於說話的方式，怎樣才會影響這個狀況呢？你講出你對於公司大方向不認同的地方，就是升遷的障礙了。比方說，公司現在正要擴充，你卻一天到晚說反對，不僅對自己人說，還跑去跟外面的人說。這樣的說話方式，保證你一定不會升遷。

其實，這個問題不應該只強調在說話的「方式」，因為不是只有方式會造成影響。**說話的方式只是型式，比較重要的，是你表現出來的影響與結果。**

你很自我、很自負，這些都沒有問題。但是，為什麼別人不喜歡呢？因為這會讓人想到你是一個「不容易合作」的人。你表現出我行我素的樣子，又不聽上司的話，誰敢用你？你又怎麼可能會被升遷？老闆會想，他若把你升遷了之後，搞不好你會把這部門給拆了，或是把公司給搞垮了，最後連他也被你出賣了。

你講話給別人的感覺，不可以讓人覺得好像什麼都得以你的意見為意見，這樣就會被排

擠；或是你讓人家覺得「你這個人講不得，不可以講你的缺點」，這樣在團體裡也很不受歡迎。如果你無法跟別人溝通，大家都覺得你這個人很難講話，升遷的機會當然比較低。

你可能很有才華，很有內涵，但是人家會擔心沒辦法跟你溝通，你的自我意識很強，絕對不會改變自己的想法等等。如果你給團隊這種感覺，讓人覺得跟你講不下去，那是非常糟糕的事！在這樣的情況，人家一定會覺得讓你升上去會非常危險。

有很多很有才華的人之所以會被冰凍起來，覺得懷才不遇，其實大部分的情況並不是際遇不佳，而是缺乏跟別人溝通的觀念。可能他表達出來的感覺很冷，臉色很難看，難以親近；或是目空一切，認為只有自己才行，其他人都是白癡，無需理會別人的想法。這些都會造成影響升遷的障礙。

沒有所謂的懷才不遇，只有自己不懂得該如何表現，以及給別人的感覺極度不舒適。如此一來，即使你有滿腹的才華，別人也看不到；你很有能力，別人也怕你，因為跟你不能合作，那當然注定要懷才不遇啦。

總而言之，如果你擔心自己無法升遷，要注意的是自己的溝通能力與修為，這對於團隊而言是非常重要的考量，深刻地影響著一個人的命運與前途。

怎樣向上級做好口頭報告？

口頭報告是用説話的方式匯報，當然就要遵循説話裡的所有規矩！不過既然是報告，還是有些東西要注意。

❶ 先從好消息開始講

如果你看過古代的戲劇，有些人一開始就報告壞消息，後面的話還沒説完，就被拉出去砍頭了。當然，時代已經不一樣了，沒那麼容易被殺頭，不過你一開口就講壞消息，百分之百就是討人厭！所以，一開始一定要從好消息開始講起。

好消息的範圍很廣，包括成績、進度、產品、工作上的想法或是別人的意見，都可以是好消息。如果真的那麼倒楣，連一個好消息都沒有，也可以講今天天氣不錯，或是他看起來氣色很棒，穿的衣服很有型之類的。這些簡短的好話，可以讓這個報告有一個好的開始。

你必須知道，一開始給人家的感覺非常重要。要是每次碰到你的第一句話都是：「完了，完了！」你想，對方會很開心嗎？他對你的印象會如何？

先報好消息，可以給人家帶來希望。要是你認為這樣說好像很假，我告訴你：不是假不假的問題，是你的說話態度有問題！如果不這樣說話，人家下次根本不會想聽你報告了。

2 口齒要清晰

既然報告是以口頭說明的方式，口齒清淅就非常重要。要是連話都講不清楚，報告內容再好都白搭，人家對你的印象也大打折扣。或許你要講的東西非常重要，但是因為口齒不夠清晰，可能聽到一半就聽不下去，這下就完蛋了。

所以，為什麼「說話」這項技能一定要訓練？因為它對你的命運非常關鍵。如果你今天講話的對象是皇帝，話講不清楚可能就被砍頭了。你在挑電視，一定也是挑畫面清晰的；聽電台，也要找一個能聽清楚的頻道。要是聽起來雜音很多，主持人說啥都聽不清楚，當然就不想聽了，是不是？

口齒清晰只為了兩個字：舒服。說話聽不清楚，不僅讓人感覺難受，還會常常聽錯，有時甚至比沒聽到更糟糕，那就完全扭曲說話的目的了。

3 要説實情

在口頭報告時，不能只講一些奉承討好的話，或只是為了給對方好感，所以報喜不報憂。既然是報告，若不講實情，掩蓋的問題終究是會紙包不住火。

實情怎麼呈現是個藝術，重點是，你一定要把真正的事實講出來。現在誰跟誰在吵架，誰沒有來上班，哪台機器壞掉了，就算整個機房都不見了，你都要據實以報。

譬如説，產品還要一個禮拜才會好，你為了討好老闆，就説東西都做好了。本來不會殺頭的，這下真的要被殺頭了。

你一定要誠實地跟上級報告現在的進度狀況，或是已經做了什麼事情，哪些事情還需要多少時間。如果你説謊或刻意隱瞞，對方沒辦法真正地掌握進度，也無法補救存在的危機，這些資料就完全沒作用了。到時候出了事，你一定會被追究責任，甚至連上司都會被牽連。

你講出事實，他可能會很生氣，可能會罵你、處分你或對你不利，但至少你已經向他報告了，也讓他了解實情究竟如何。口頭報告的目的就是要讓上級知道這些事情，就算事態再嚴重，他也不至於怪你「報告」這些事，因為你只是報告嘛！如果不把實情報告出去，到時候上級説：「你在事發當時，為什麼沒講？」這下就慘了，知情不報的罪名可大了，就算你

肩膀再硬也扛不起來。千萬別怕事，不去面對才是真正的大問題。

4 不囉嗦

什麼叫不囉嗦呢？就是該講的趕快講一講，不要講太久。若是報告花太多的時間，不僅人家不耐煩，還會覺得你不夠聰明、沒膽識、不乾脆、不專業，同時也有言多必失的風險。

講話囉嗦，人家聽一聽就沒什麼興趣了，不是心不在焉，就是坐在那邊做別的事。如果你跟上級是邊吃邊聊，那倒還無所謂，但既然重點是報告，就要能夠做到不囉嗦，因為這關係到專業的水準。

報告是屬於公事，不要在那邊東攪和、西攪和。這有點像是人家要你拿純金出來，你卻給人家K金，當然就不是那麼有誠意。上級要聽報告的重點，絕對不是為了聽那些亂七八糟的八卦，跟重點無關的資料就可以省略了。

如果是參加派對或是私下喝酒、聊天、散步，你要講多少風花雪月的事都無所謂。不過，如果你的目的是要報告，千萬不要囉嗦。

以上這四點都非常重要。記得一開始要先報告好消息，要讓人家聽起來舒服，然後把實情說出來，重點講完了就報告完畢，這樣就大功告成。你要曉得怎麼樣起頭，哪些資料一定要讓對方知道，報告結束了也要讓人家知道「報告完畢」，有頭有尾，迅速且不囉嗦。

當上司對我有成見時，我該坦然接受上司的批評嗎？

確實是應該接受。雖然在你的觀察裡，你會認為上司對你有「成見」。這些想法到底是不是成見？確實有可能。但也有可能人家想給你一些建言，你卻把這些意見當作別人對你的成見。人家可能有心想要教你一些事情，你卻覺得別人在批評你，這種可能性在職場上是非常高的，尤其當下屬沒有誠心要學習的時候。

如果你擺出一副「我又沒錯，幹嘛講我？」

「講我，又對我有成見？」

既然你覺得很委屈，又何必還要問是否要「坦然接受」？事情不會是這個樣子的。如果你平時就讓人家講不得，可能連主管都怕你。人家對你有意見，你應該要心存感激。人家對你有所指教，你應該要虛心受教。你要感謝人家發現你的問題，而且還願意說出來，這不是

一件簡單的事情。人家願意講你，你應該很高興才對。

另外，別人批評你也不是什麼壞事。被批評有什麼關係？又不會少一塊肉，何必沒辦法接受？人家那麼認真地跟你說出他的看法，那也不過是一個觀點、一個建議。他是用不同的角度在看事情，你可能看不到。你應該馬上告訴他，謝謝他的好意。

別人的批評，你一定要聽。就算對你來說，他說的不見得完全正確，可是人家講出來的是他所見到的真實性。他展現出跟你溝通的意願，這可是不得了的善意。至於是不是「成見」，也不是由你來決定的。更何況，他在職場上的位置是你的上司，批評你必然有他的道理，你要考量人家也有他的本事。至少他願意講出來，你就應該要感謝，要吞得下去，也要接受別人願意講你的心意。

你要了解一件事：**人家可以指點你，也可以不講你，看著你沉淪下去，讓你自生自滅。**身為上司可不是輕輕鬆鬆，好像坐這個位置很容易，要是你出了任何差錯，他還得想辦法幫你擦屁股。

天底下沒有白吃的午餐。人家講你，都有他的道理在。除了感謝與坦然接受之外，你還要從對方的角度去思考，為什麼他要提出這些批評？一定有某些點是你可以改進的。

不管是誰批評你，都不是一件壞事。你也應該反省，為什麼人家要批評你？就算人家真的對你有成見，提出的觀點也不正確，你還是可以藉由此事了解對方的想法，思考一下怎樣讓彼此的關係更好，改變人家對你的看法。

以我個人而言，我很喜歡聽人家的批評，可以換一個角度去思考別人的觀點。至於是不是成見也是個人的看法，並不是那麼重要。被批評又有什麼關係？你坦然接受，就展現出你的胸襟，也有機會可以跟對方好好地說話，並感謝人家的心意。這也是另外一個可以得到上司賞識的機會。

要讓人家能夠說出對你的意見與看法，才能真正與別人溝通。把你自己訓練成為一個可以接受批評的人，是人生中重要的學習。別忘了，只要活著，就一定要不斷的進步成長，千萬不要放棄任何學習的好機會。

向上司提出異議的原則

要跟上司提出異議的基本態度，就是你要先詢問上司有沒有意願聽你說話。你要先知

道，他有沒有空間可以去容納你的這些想法。如果他根本不願意聽，事情已經決定了；或是他有他的堅持，認為沒有必要再談，那你就不必再說。

所以，你要了解他願不願意給你空間去表達異議。你要先去爭取到這個機會，說出你有個不同的想法，能不能表達出來？得到對方的同意，是第一步。

當對方同意之後，你可以告訴他，你的意見是什麼？你反對的理由是什麼？你覺得可行的方案是什麼？你的思考邏輯要很清楚，而且一定要能夠成功地推銷出自己的想法。如果你連自己都說服不了，不能為自己站台，當然就很難成功了

給意見時，你自己要有高度的熱情，而且可以清楚地把重點陳述出來。如果真的要講到技巧的範圍，就是要曉得如何把自己的情緒提高，或是可以適度地誇獎對方，這些可能都有幫助。

至於忌諱，就是避免讓人沾染到任何負面的感覺，就算一點點都不行。你不可以去謾罵別人，不可以有負面情緒的表達，或是在那邊爭論對錯。你只需要講出自己意見的優點，但不能為了證明自己的意見比較好，而去批評別人的想法很糟糕。切記，你不可以有挑釁的行為，如果你帶著一堆個人情緒去抱怨，很少有人能夠容忍。你就好好講出不贊成的理由是什

麼就行了。

最後，你要告訴主管，你只是提出這個意見，但沒有一定要採用。你要讓對方知道，就算他不採取你的看法，你也不會因此不去執行原本的計畫。這些部分在結束之前一定要表明出來，然後謝謝他願意撥空聽你說話。無論如何，你還是會照他的指示去執行。

這些就是提出異議的基本原則。不管主管聽不聽得進去，你要很有誠意地感謝對方，讓你有機會可以講出自己心裡的想法。這也是一個做人的基本態度。

要如何巧妙的拒絕上級所委託的事情？

委託的事情有兩種：公事或私事。

如果是公事，你就要考慮一下，這些事情是不是跟你的職務有關？如果是你份內的事，你得告知目前的情況，沒有正當的理由就不能拒絕。如果跟職務無關，你就要告訴他，你自己的工作已經忙不過來了，他所委託的工作能否請別人做？或者等你做完份內的事情，再看看能不能做這些新的工作。不管怎麼說，就是要讓他知道：你現在沒辦法做他所委託的事。

至於私事就比較麻煩。你必須很清楚地拒絕他，主要的理由是以公事為主，至於私人的委託，你不方便幫他。那麼，要怎樣很巧妙地讓他覺得你沒有生氣？其實，最重要的是你的「原則」。

比如說，上司請你跟他的情婦傳話，但他是有老婆的人，你就要跟他表達這件事你不能做，這有違你的原則。或是他請你出差時幫忙買一些私人的東西，但是你不願意，要推辭又很尷尬。你要直接講出來，而不是態度曖昧不明地拒絕不了，然後幫得心不甘、情不願，最後變成兩邊不是人。這就是不能講話惹的禍。

你應該直接講清楚你個人的原則。私人的事情，要他自己去辦；你是他的員工，不是他的佣人，所以沒理由一定要去替他辦私事。說這種話沒有什麼特別的技巧，說話時不必帶任何情緒，把你的立場跟原則清楚表達就行了。

至於拒絕時會說到讓對方討厭你，是因為你表達時帶有忿恨、委屈等等的情緒。你得知道，如果你被上司記恨了，並不是因為你不接受他的委託，而是因為你犯了說話的大忌，講話的樣子讓對方覺得莫名其妙，搞得好像他欺負你或跟你有仇似的。你不會講話，到時候怎麼死的都不知道。

只要照說話的基本功去做，不帶情緒地表達立場，就不必擔心對方會不高興，這跟撕破臉毫無關係。如果沒有把這些事情表明清楚，後面所引發的一連串問題，可能會影響你一輩子，甚至連你的私生活都受到波及，這才是你應該要去思考的。

人生沒有什麼對錯，只看你能不能守住原則。若是守不住，你會變得很不快樂，只能為別人而活；守得住，你心裡會比較坦然自在。該拒絕就拒絕，不該做的就不能做，這是個人品格的問題。要維持住品格的那一條界限，就要靠說話的能力。

不管話怎麼講，最重要的還是你個人的原則與方向。我常強調「說話的技巧不能凌駕於心意之上」，正是因為這些原則與方向並不能仰賴說話技巧而建立起來。所以，說話技巧要練，但最後仍是以心意為主。

和上級開玩笑的忌諱

跟上級開玩笑，無傷大雅的事情都沒有關係。但是，如果有些玩笑會影響到他對你的看法，或是傷害你甚至對方的人格或素質，這就不太好了。

比方說，你很喜歡開黃腔，上級可能會覺得你這個人很好色，可能常會想入非非，或是對某些同事有非分之想。玩笑開大了，他可能會覺得你很低級，或是誤以為你在暗示他一些事，有些不正經的老闆甚至會故意找你去搞些腥羶色，讓事情變得相當棘手。如果你這樣開玩笑，會讓人覺得有機可乘——尤其是女孩子，非常不適合隨便開黃腔。

另外，過度嘲諷上級或是太冷的笑話都是忌諱，因為你不知道對方的底限在哪裡，會不會刺激到他。平常可能隨便哈拉都沒事，但人難免會有陷入低潮的時候，若是他心情不好，想到你曾經講過的話，可能會認為你這個人說話不厚道，沒安什麼好心眼。這種聯想有可能讓你陷入危險。

比方說，你跟你的上司都很討厭集團內某個部門的經理。當你私下跟老闆開玩笑時，講到既然咱們都這麼討厭他，乾脆把對方捆起來捅個幾刀，扔到海裡餵鯊魚算了。或許你是開玩笑的，但是別人聽了不見得會好笑，甚至會覺得毛骨悚然。

有些笑話講得很冷，或是很低級，這樣的笑話在職場上都應該避免。你選擇的玩笑，完全呈現出你這個人的水準。若是讓對方感覺你很陰險、胸襟狹小、低級或是無聊，甚至覺得你的人格有問題，這就不是好笑的事情了。

要開玩笑，就是要能找到真正有趣的笑點。這要分得很清楚，不要讓別人覺得很尷尬或不舒服，甚至連笑都笑不出來，玩笑就過頭了。

我個人認為，跟上級之間的溝通盡量還是規矩一點。你可以講些笑話製造歡樂氣氛，讓大夥兒開心，這就沒問題。但是，如果玩笑開過頭了，讓人家覺得你這個人有問題，人家就會對你有所評估，甚至看不起你，這樣反而會弄巧成拙。

如何學會和主管應酬？

應酬有很多種類型，你要看這個應酬的目地到底是要幹什麼。有時候是私人的興趣，為了增進彼此之間的了解；有一些則是為了公事，為了拿下訂單或與客戶見面等等。該怎麼說話，就要看主管想要的是什麼。

如果是私下的應酬，就和一般朋友約會吃飯的目的相近。平常在職場上因為掛著頭銜跟階級的差別，有些話可能沒辦法在公開場合說，離開辦公室之後，這種私下應酬的機會就是可以談一些心裡話的時候。不管要說些什麼，你還是要尊重他的身份，也要尊重在場的其他

同事。

以公事上的應酬來說，說話的目的就非常清楚。既然他是你的上司，你就要能夠捧住他，要顯示他的地位，給予他足夠的面子跟空間，不能沒大沒小。你也要能夠講一些寒暄、公關的話，還有讓大家都開心的話，主管怎麼發話，你要能夠回應他，跟他在同一陣線。

除此之外，你要懂得跟他互相合作，就像打球時很有默契地傳接球，可以讓這個球得分。你要懂得話要怎樣傳、怎麼接，怎樣說話才會成功，提供更多的助攻機會。所以，你說出來的話要能夠跟他對焦，要能夠跟主管一搭一唱，一起讓球可以得分，這樣才是應酬要達到的結果。

你要學會對焦地講話、接話、補話，讓自己的方向跟主管能夠越來越對焦，讓他更舒服、更有力、更自在。這些襯托的加分效果需要花功夫去思考，體會一下主管需要的是什麼？就算你不喜歡應酬場合，也要想辦法不得罪他，彼此之間可以順利地合作。把這些事情做出來，就可以達到應酬的目的了。

要如何適當讚美上司的長處或優點，但不被認為是狗腿？

其實，就算被認為是狗腿也沒什麼關係，不必過於擔心。

有很多時候，你確實沒有要刻意奉承的意思，你的讚美也很到位，很有誠意；但就是有人硬要說你是狗腿——就算真的是狗腿，又怎麼樣？不需要一天到晚擔心別人把你當成怎樣的人。人家怎麼想你，不是你可以決定的；你到底是不是這樣的人，跟別人怎麼看你這個人，真的是一點都不相干。

你不需要一天到晚杞人憂天，這種態度會讓你變得沒辦法做事。你需要去想的，就是去**讚美上司的優點長處時，不僅讓對方開心，自己也要很感動**，這樣就可以了。

既然要讚美，就必須是真心誠意，是確實看到那個優點才說出來，這是個人品格的問題。上司一定會感覺到你的心意，對你沒有評估貶低的人，也可以認同你的意見。

如果有人認為你說話很狗腿，那是他的看法。你要不要去讚美，則是你的事情。你覺得你讚美的事情是真的，那就是真的。換個角度來說，如果你的上司真的很優秀，就算你當他

的狗腿，也沒什麼不好。

所以，你不必太在意別人認不認同你的看法。最重要的還是說話的基本功，該遵守的原則要做到——你是不是說出了真話？是不是真心讚美人家？你的話必須忠於自己，讓人感覺你是個有原則的人，否則自己話說不好還要責怪別人，那就理虧了。

第 10 章

讓自己成為社交A咖

如何讓自己活躍於社交場合？

有許多人都希望自己在社交場合有活躍的表現，只是，你原本的性格不一定真的是這個樣子。至於怎麼讓自己活躍於社交場合呢？

第一，你要對說話極度有興趣。「活躍」兩個字，聽起來就是活蹦亂跳的，所以你得不厭其煩、永不停息的去主導，才會過得精彩。

活躍，最基本的就是跟很多人講很多話，還得記住很多人的名字與他們說過的事。跟不同的人可以進行多邊外交，幫忙穿針引線，跟每個人都有很多的話可以講，一個接一個，人際網絡密布交錯。

你去參加派對、同學會或是婚喪喜慶的各種聚會，不能坐在位置上不動，要常常走動找人說話，主動去認識陌生人並跟他們互動。你要能夠打開話匣子，讓他們對你有印象，見到人就趕快打招呼自我介紹，最好是讓滿場賓客都能認識你，這就是「活躍」。

如果想讓自己活躍，就要準備功課，對社交場合裡的人事物都要有興趣。你很有話講，有很多消息，人家就會來找你聊，他們有任何問題來問你最清楚，你可以給人家一些建議，

給對方想知道的資訊。私底下，你不僅健談，說出來的話又相當風趣，社交場合就會變成你的舞台。

第二，就是要有足夠的體力。前面提過，你得不厭其煩的跟人家說話，這是相當耗體力的事；沒體力的人根本辦不到。

如果整個晚上只是坐在那兒，既不跟人家說話，也不站起來走走，別人看你就像條死魚、像個石頭，當然就沒有辦法很活躍。然而，你表現的很活潑，也能夠講出得體的話，在別人眼裡就比較討喜。

所以，基本的條件就是要會講話，而且要跟很多人講話，要有無限的體力。若是你能夠做到這樣，所有的人都會覺得你很活躍，就像比賽賽跑，看誰跑得快——社交場合上不是比快慢，而是看誰溝通的量多、認識的人多、更有熱情與活力，不怕麻煩，在那個場合就比較活躍。

活躍的程度，完全取決於你的活力以及認識對方的意圖有多強烈。有了足夠的體力之後，先求溝通的量，再要求品質，也就是說話的內容對別人有沒有吸引力。

總而言之，想要活躍就得多說話，而且要說非常非常多的話；既然要說這麼多話，還要說得好、說的對焦，一定先要有體力。第一步做到了，後面才有得談。

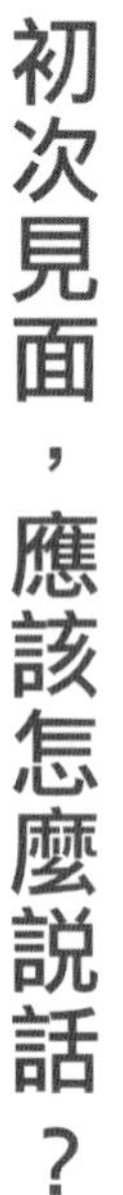

初次見面，應該怎麼說話？

跟對方初次見面，彼此只是點頭之交，沒有要特別幹什麼，那你就是問候一下，說出自己的名字，這樣就可以了。

可是，如果你要跟他交朋友，接下來還有事情要處理，有一些未來的目標或事業要去合作，那就要做到「自我介紹」的部份。兩個人介紹的時候要平均一點，不要都是同一個人在講，如此一來你可以多瞭解對方的狀況，觀察兩個人是否有默契，是不是真的想要做朋友？

如果你察覺對方並不是很想搭理你，只需要客客氣氣地問個好，關心一下吃過飯沒有？為什麼來這裡？稍微知道一下現在的情況就行；點個頭，自我介紹自己是誰，交換一下名片，這樣就差不多了。你不必講到八成，看情況就可以結束了，不是一定非講不可。有很多時候，你可以選擇講，也可以不講。

有一個簡單可以掌握的重點：留給對方一個好印象。你不必刻意獻殷勤、特別跟對方攀

交情。一般來說，第一次見面就是保持禮貌，表示友善就可以了。如果表現過度的熱情，後面可能會出現一些很難收尾的局面，無意之間影響到彼此未來的關係；這些結果可能不是你所希望的，也不是對方喜歡的。

第一次見面，奉勸一開始還是保守一點，除非你很想要跟對方有什麼特別的關係，或是你知道對方是需要認識的人，或是彼此之間有合作的可能性，所以必須要把握這個機會，那麼，你就可以講到八成，就算他不想講，你還是可以想辦法引起他的興趣。要不然，只需點頭就好，觀察對方的感覺，不必要過度奉承，因為你也不知道後面會發生什麼事，在一開始最好不要讓人家誤會。

客套話要如何說得恰到好處？

既然是客套話，表示你只是講一些彼此都不會覺得不舒服的話，盡量是好聽的、不讓人覺得刺激的話，或是表示善意跟喜氣的內容。

客套話要講得自然，重點是必須出自真心，不然就像帶個面具說話，沒有什麼意思，人家也知道你是在賣弄客套，你也變成為了客套而說話，彼此小心來、小心去的，感覺不會很舒服。

以溝通的角度上來說，你應該說些真實的狀況。

比如，你可以問他：「吃過飯沒有？」

如果他告訴你：「沒有。」那麼，你真的得給他一頓飯吃，因為你問這句話要有後續，不是只為問而問，最後都不理他；這樣反而沒有好處，只有傷害。

就算你是講客套話，仍得注意不要講得太過分、太客氣，讓對方覺得很陌生，冷冰冰地難以接觸。但是，如果你客氣到把人家捧得很高，講人家多好又多好，事實上卻也不是真的這樣，這些話聽起來就太過虛偽了，不能「恰到好處」。

所謂的「恰到好處」，最好的方式就是表示善意。比方說，向人家問好，問對方吃飽沒？很簡單的講個幾句：「很榮幸能夠認識你！」

「很高興今天有機會跟你們見面！」

「謝謝你的來訪。我聽同事說，上一回你幫了我們不少的忙呢。」

可以講一些跟事實是有關的話作為開場，讓人感覺你很友善，說話很自然，態度很自在。

不過，就連想要講好這些簡單的客套話，平時都要有充分的準備，知道碰到什麼人要講怎樣的話。

一般來說，客套話就是「以客為尊」，把對方的位置抬高一點，講的話就會好聽，場面也比較歡樂。不管怎麼說，客套話的內容還是比較正面，一開始多講一些好聽的話，也有利於之後的往來。

在社交場合，客套話確實有其存在的必要。但是，重點是你要講得自然，講得真心，不要太做作，要不然就會讓人覺得你很虛假或城府很深，就弄巧成拙了。

自我介紹的重點為何？

在很多場合，我們都會遇到需要「自我介紹」的機會，這是說話當中不得不練的一個重要項目。以下分成四點來說明。

1 印象深刻

首先，就是要讓人家記住你講的東西。要是對方記不得，又何必自我介紹？給個名片，人家也不會看。

在介紹自己時，資料不能給的模模糊糊，講的不清不楚。你的名字、在哪裡工作，還有你要給人家的抬頭，比如你是哪個孩子的爸爸？哪一間公司的董事長？或是某某人的好朋友等等。不管是什麼樣的資訊，所有你告訴人家的內容，都要確定讓對方印象深刻，要不然就不需要介紹了。

2 留給人家好印象

自我介紹時，切忌吞吞吐吐、口齒不清，給人的印象就會呆呆的，或是誤以為你話中有話，心懷不軌。若是給人這種感覺，就不會有什麼好印象。

留給對方好印象非常重要。自我介紹的目的，就是讓不認識你的人認識你。要是一開始的時候就留給人家不好的印象，不管原本的你有多出色，人家對你的評價與感覺就會差非常多。

至於怎樣才能留給人家一個好印象呢？這是一種感覺。比方說，臉上有笑容，別人就會覺得你比較有善意，擺著一張撲克臉，當然就不容易親近。你說話時愛講不講，眼神飄忽不定，講話支支吾吾或是有一堆口頭禪，怎有可能給人什麼好印象？

所以，這是為什麼說話需要練習，自我介紹也要練習的原因。只要練習不足，人家看到你會覺得很愚蠢，或是你很兇、很有心機或沒水準之類的成見，偏偏這都不是你真正的個性，很不幸地，你表現出來的不是真實的你，而是留給別人錯誤的印象。

一般人喜歡跟怎樣的人相處呢？簡而言之，就是一個大方、有誠意、感覺實在的人。這個好印象，也是大家比較喜歡的一些特質；你要盡量去符合這些基本條件，讓人覺得你是個值得交往的好朋友。

❸ 要有自己的特色

在自我介紹當中，你必須找到屬於自己的風格，是你性格裡頭獨一無二的特色。

比如說，你可以在自我介紹中讓人感覺你很能幹，或是呈現出你是一個很安靜的人，給人很沉穩的感覺。當然，你也可以讓別人覺得很搞笑、很幽默，這也是一種特色；就算讓人家感覺你有幾分流氓氣息，甚至是玩世不恭的大少爺都無所謂。

關於特色，沒什麼好壞對錯。你想怎樣表現自己，希望呈現出怎樣的感覺，都是你的決定。這是你對自己的感覺，你必須給自己的一個「定位」。

4 自我介紹的目的

你必須知道，這次自我介紹的目的是什麼？跟對方做朋友的方向是什麼？你是要追她呢，還是要去找工作？還是希望他不要打擾你？有很多種的可能性。

你甚至可以開門見山地跟他說：「咱們志不同，道不合，我不打算跟你同流合汙，從此之後井水不犯河水。」

沒錯。就算是這麼難堪的話，也都可以表明的。

為什麼說話這麼有趣？因為範圍太廣闊了。你可以呈現的狀態就像一盤棋，每一盤永遠都不會有同樣的走法。你的自我介紹不會每次都一成不變，所以不應該是三分鐘可以背起來的那種流水帳。刻板的自我介紹方法，比較適合寫在履歷表上。不過，只要是精明一點的人，就連寫履歷表都會針對不同性質的公司，展現出不一樣的個人風格。

刻，記住你講的東西？只要說得清清楚楚，一般人都會對你印象深刻；不過，如果你講的像霧裡看花，即使交換過名片、喝過茶、講過話，也自我介紹過，人家仍對你一點印象也沒有。

自我介紹的方式是很活的。你要想的是：要呈現什麼樣的感覺給對方？怎樣讓人印象深

自我介紹時，可以視場合狀況更深入地介紹自己，連你的目標、夢想、個性、情況，都讓別人了解，只要對方有興趣，連祖宗八代都搬出來也無所謂。

以上這四項，就是自我介紹的重點。切記，這四個重點是有互相關聯的，不能只專攻某個項目而顧此失彼了。

怎樣稱呼他人才得體？

只要講到「得體」這兩個字，就得要知道對方的標準。每個人所認定的標準是不一樣的，你得要看他喜歡怎樣被人稱呼。有些人喜歡用抬頭名稱，像某某董事長、總經理，不管他是不是，但是你光是這麼叫，他聽了就開心。或是你在稱呼對方時，故意比他實際的位階高上一兩階，雖然不是很正確，但是他聽了高興，讓他開心也未嘗不可。

這種狀況很有趣。有些人不是經理，但你叫他經理，他就很開心。有的人明明還不是某人的老婆，你稱呼她一聲大嫂，她聽了就心花朵朵開。這沒有什麼對錯，既然你要得體的稱呼，就得符合社交場合的狀況。

那麼，你會想：「這不就是奉承討好了嗎？」

其實，講話多少都會有這樣的問題。至於對錯、品格的標準，就得靠個人去判斷選擇。但不管怎麼説，有一個原則是不會變的：這個稱呼必須是正面的，有讚美的意思。不管你所説的是否為真，至少對方聽了心情不錯。至於事實到底是不是這樣，就不是討論的重點，重點是讓對方開心。

比方説，我們常會對女孩子説：「喲！大家看，環球小姐來了。」讓那個女孩子嫣然一笑。你知道她不是董事長夫人，她也知道自己不是；但是你稱她一聲「董事長夫人」，她就覺得自己被捧上了雲端，這樣就得體啦。

我們也常會開玩笑對朋友説：「喔！董事長來囉。」其實對方的身分並不是董事長，可是他並不介意人家這麼叫，大家喊著也開心，這樣下來也習慣了。不過，也有些人會覺得你這樣講是在挖苦他，他不喜歡被人刻意抬舉。所以，這樣稱呼到底好不好，也得要看人、看

狀況。

切記一個重點：**怎麼稱呼其實不重要，重要的是對方開心，這個稱謂合他的意，他覺得有被讚美到，你也讓他很高興。**這些事情完全看個人，沒有一定的標準，這也是一個很有趣的藝術。

如何跟三教九流的人都能聊得來？

這也是「見人說人話，見鬼說鬼話」的一種情形。你要跟這些人處得來，就得必須瞭解以及接受這個人的性格與角色，甚至可以讓自己變成那個樣子。

這就像演電影一樣。男主角演一個乞丐，過去曾受過極大的傷害，現在淪為社會邊緣人。你要能夠完全體會這個角色的心路歷程，才能夠演出一個逼真的乞丐。現在你的角色是一個君臨天下的國王，就要能夠了解一個王者該有的胸襟，這個地位的人該有怎樣的氣勢。如果演的是一個小人物，好比一個理髮師、一個記者，或是一個路邊攤老闆，又該如何去感覺這個角色的心境、歷練與情感？這些都是角色扮演的能力。

一個好演員若要演一個警察，就會去警察局看看警察平常都在做什麼？說些什麼話？怎麼吃飯？怎樣拿槍？這些都要練。如果今天演的是犯人，就會去監獄體會一下犯人的生活，跟監獄裡的囚犯講講話，或是蹲在那裡體驗個幾天，然後才能演活這個角色。

不過，跟三教九流的朋友說話，並不是要你也變成三教九流的人。平常我們不可能到監獄裡去蹲，也不會去馬路上行乞；若要能夠跟這些三教九流的人聊得來，就要能夠體會他們的感受，要有角色扮演的能力。他心裡所想的事情，包括他的夢想、擔憂，他的情緒、痛苦、困難等等，你都要能夠感覺。如果感覺得到，跟他們就能聊得來了。就算感受不到，至少也要有興趣了解，這樣便還有交談的空間。

跟這些人聊天時，就要找出跟他們生活有關的話題。你得思考該怎麼問話？你要曉得跟對方講些什麼，他才會覺得有趣，覺得自己被瞭解？覺得你有在關心他？基本上，你能夠做到這樣，就能夠了解對方的背景與思想。

如果你遇到黑道大哥，不是要你馬上把自己說話的方式變成一個黑道中人。其實他們一樣是人，你不需要把對方看得很奇怪。所以，當你碰到犯過罪的人，也不必覺得很可怕，就以正常人的方式跟他講話即可。

如果遇到路邊攤小販，就揣測他的心情，但是你還是以原本的身份跟他講話，只要能夠對上他的心聲，對上他的話題與口吻，這樣就可以了。

再舉一個例子。假設你是個做小生意的人，遇到一個商場上的大老闆時，你不需要對他的事業清清楚楚，但是你想跟他聊得來，就必須講一些人家需要知道跟想要聽的內容。你就是盡量去揣測，去瞭解對方的心思，他講的話你得搭上，大家便可以談笑風生。雖然你不一定都懂，不懂再問就可以了，沒什麼大不了。

以上的例子是要讓你知道，**你必須能夠揣摩一個角色，感覺他的感覺，但是你還是你自己。**平時，你要接觸不同領域的人，還得透過大量的閱讀，瞭解各行各業的箇中精妙。這些都需要練習的，因為有些時候你真的扮演不來。就算扮演不來，也不需要打腫臉充胖子，遇到說話不三不四的人，你也不必跟對方流裡流氣地搭話。只要能夠體會對方的立場與處境便可，你還是可以保有自己的身份與空間。

一般來說，從事需要接觸各種人的行業，不管碰到什麼樣的人，都比較容易搭上腔。其實，這些人不只是說話的經驗比較豐富，通常也都經過準備，有花心思去體會對方的感覺。如果你能用心去學習、去思考、去練習，這些就不是什麼大問題。你不必讓自己變成那個角色，也不一定要遇過某種類型的人，只要能掌握說話的基本功，就可以跟任何人聊得來。

在什麼情況下，說得太多反而會變得很蠢？

這是過與不及的問題。舉例來說，對方已經明白了，你卻還要一直解釋，那就顯得很多餘，好像把對方當笨蛋一樣，其實別人才覺得你蠢。如果人家不喜歡這個話題，你又拼命地在那個話題裡面一直繞圈子，也會變得很討人厭。

有很多時候，當你講一些負面抱怨的話，或者是到處論人是非，這些話對於不喜歡的人來說，聽了自然會心生反感。好比人家喜歡乾淨的空氣，你突然跑過來抽煙，製造二手煙給別人，那麼人家當然就會離開了，因為他受不了這些東西。

還有一種情形，就是互相講八卦，互相抱怨。例如A太太跟B太太都在嫌自己的丈夫有多麼糟糕。A太太說：「我老公明明是自己有外遇在先，還敢要求我主動提出離婚！」

B太太說：「我老公每天回家都要打我，連小孩過來勸都會挨揍。」

兩個人都講了很多，表面上好像是宣洩情緒，其實最後心裡仍然不舒服。不要以為這是

「惺惺相惜」，他們並不會因為互相吐了苦水之後就更欣賞彼此。整天都在跟對方倒垃圾，卻又沒有解決的辦法，家醜一籮筐地愈抖愈多，當然很蠢！

如果你忍不住，偶爾發洩個一兩句，是在所難免的。但是，這些垃圾話並沒有人愛聽，這些問題應該由你自己去解決，而不是逢人就說，在這個話題上面打轉這麼久。一天到晚坐在垃圾堆裡，到底有什麼建設性呢？

所以，最好不要講這些負面的內容，不要一天到晚抱怨。就算講出口之後，趕快適可而止，不要再繼續下去了。你必須讓自己保持笑容，讓人覺得很有希望，說出來的話是有建設性的，這樣的生活才會過得比較幸福。

為什麼有許多老人家，會讓週遭的人都不喜歡跟他說話？因為只要他一打開話匣子，就提到當年他所遇到的不愉快，而且每次都要重頭再講一遍。你已經聽了超過三百遍，他還是堅持要講，這樣當然就變得很蠢！誰都不希望跟這樣的人在一起，因為他說的那些話並沒有建設性。

所以，最好不要講負面訊息，不要隨便亂講別人的八卦，至於那些牽涉到敏感的政治立場或社會新聞，你就稍微點一下，講個兩三句就行了。如果你兩三個小時都在罵某個看不順眼的傢伙，或是站在某人的立場說話等等，對方就會覺得這個話題對你很有刺激性，也就表示你說太多了，同樣也會讓別人把你當成笨蛋看待。

講話還是正面一點、幽默一點，朝著「未來」、「有趣」、「有創意」的方向去說，才會有人願意跟你說話。一直講那些重複的事情，甚至加油添醋、顛倒是非，只會把自己抹黑而已。

為什麼有些人在聚會上很熱心地炒熱氣氛，卻讓人討厭？

這種狀況確實值得研究一下。會變成這樣，理由其實很簡單：他的動作沒有那麼多的真心誠意。如果他很有誠意，炒熱氣氛時仍讓人不舒服，就是他說話的方式不自然也不合情理。這當中又有很多的情況，比如矯揉造作，或者是過於勉強，或是讓人感覺太市儈、太商業化之類的不良感覺。

總而言之，不管會場上有什麼樣的氣氛，說話者與接收者雙方都要負責任。或許其他人

覺得很好玩，是你自己沒辦法接受這樣的玩法；可能現場氣氛炒得很熱，主持人也很努力，偏偏你覺得這樣的感覺很討厭，這也是有可能的事。所以，並非有人很熱心地炒熱氣氛，就一定是錯的，這沒有什麼對錯好壞，只是不合你的胃口罷了。

如果對方所做的事情讓你覺得沒價值，或是你不欣賞他的幽默，甚至認為他只是為了刻意炒熱氣氛而在那邊說學逗唱，但跟這個聚會似乎沒什麼關係，可能等一下要叫你捐錢，或是要你投他一票，這種感覺就會讓你不舒服，你覺得這些舉動不是很適合，這些動作讓你不舒服或是心生反感。

反過來說，可能對方確實把氣氛掌控得很好，他是真的很熱心，也希望在場的人都可以很開心。問題是你很難被討好，也把別人的好心當雞婆，不管對方怎麼做，你都不會認同。

炒熱現場氣氛，原本就是一件吃力不討好的事情，每個人的水準跟品味都不一樣，很難做到皆大歡喜。如果你是屬於會場上少數不喜歡的人，可以私下讓對方了解一下，這樣炒熱氣氛的方式究竟有何不妥？你可以提出一個比較有意思的方法，或者是下次換你來試試看，觀察一下場面是不是會更熱絡一些。

如果你不願意跟控場的人溝通，也不想提出任何意見，更別提要站出來炒熱氣氛，那麼建議你以後就不要再去參加這種聚會了。人家花了這麼多的心思，要提出批評又不好意思，既然那麼不欣賞就別去了，何必搞得自己裡外不是人呢？

人們參不參加，都有一個自然法則。如果這個聚會已經很久了，必然有它存在的道理，可能是參與者有一個共同的目標，或是大家希望維持感情等等。有很多人參加的聚會，必定會走向大家都喜歡而且能夠接受的方式。要是這個聚會讓多數人覺得討厭，自然就會被淘汰掉，所以你也不必擔心那麼多。

要讓現場氣氛炒熱又要讓人舒服，前提是得拿出真心誠意，把人家喜歡、能夠共鳴、感動的事一起分享，這樣才有用。如果不是別人能夠接受的，硬去把情緒激昂的氣氛炒出來，也不可能維持多久。

如果「無法融入」的狀況是你個人的問題，我建議你還是要想辦法改變自己的修養，去跟人家一起炒熱氣氛，不要做一個冷眼旁觀的人。你要能夠了解別人這麼做的心意，感受其他人也這麼開心的感覺，跟在場的每一個人與環境合而為一。

關於身邊有人在聊朋友的八卦、是非時，該如何應對？

這個問題，並沒有一定要如何應對的方法。

有些人一聊到八卦就來勁了，馬上豎起耳朵繼續聊下去，他自己也很喜歡論人是非。別人愈是講到朋友的八卦，他還補兩腳下去，拿出更多的東西一起攪和。

有些人則會覺得講這些八卦很不道德，更何況還是講到自己的好朋友？他認為事實不是這樣，正好大家來理論，站出來表明立場。

話怎麼說，得看各人的個性，沒有一定得如何應對的方式。身邊的人聊到你的朋友也是不可避免的事情，聊來聊去，難免會說三道四一番。如果大家只是聊天，講的事情跟你一點關係都沒有，純粹表明個人的看法跟立場，該怎麼應對就看你自己想要表達些什麼。

如果你想要跟對方聊八卦、講是非，那你就放膽去講。相反地，若你不想說太多，也可以告訴對方：「這件事你說來聽聽。」你不必表態，聽對方說就好。有些時候你甚至連聽都不想聽，就直接說：「這件事我不需要知道，你不必告訴我。」

人家已經說話了，你非得應對不可，你的選擇有很多種。應對是一門深奧的藝術，至於

你所選擇的方式，沒有什麼對錯好壞之分，就看你選擇的處世態度——你想要靠左邊站呢，還是靠右邊站？你希望事情怎麼處理？你想要展露的個性是如何？這些都是你的決定。

應對有一個重點：**不必限制對方表達看法，或是責罵人家說的不對。**

至於你的應對方式，不管說得怎樣都沒有好壞對錯，就像有的人喜歡下雨，有的人喜歡晴天；有的人喜歡畫大海，有的人喜歡畫小溪；有的人喜歡唱歌劇，有的人喜歡唱山歌。喜歡什麼內容都沒有對錯，最重要的是你認為應該怎麼樣，那就怎樣去做——但一定不說負面的話，不去指責他人，也不讓人難堪或難受。禮貌一定要有，這是說話的基本態度。

第11章 談判時，要怎麼說？

要如何掌握談判的技巧？

在談判的技巧當中，這裡分成簡單的幾點來説明。

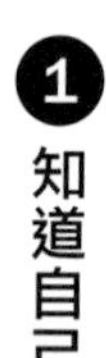

1 知道自己要什麼

什麼是你參與這次談判的目標？你對於成功的定義是什麼？你得很清楚自己的方向，曉得現在去談判，到底要跟對方談些什麼，你希望的結果是怎樣？自己心裡要有一個明確的藍圖。

2 知道自己最佳的狀況、最糟的底限在哪兒

不管是資源、數目、心境、狀態等等，你自己都要先估算清楚，要很誠實的去評估，而不是隨隨便便的假設，否則談判過程就會發生失誤。

有時候，並不是對方刻意要占你便宜，可是等到談判回來之後，你才發現狀況不對勁，或是原來不應該用這樣的條件去跟對方交換的，但為時已晚，一切都已成定局。這時候就只

得認了，因為你沒有做足功課。

❸ 知道對方要的是什麼？

如果要上談判桌的時候，你要能夠知己知彼。除了自己的狀況之外，對方到底想要幹嘛？他希望最好跟最糟的結果又是什麼？同時，你也要很清楚對方的底限在哪裡。當你有了這些資訊之後，才能有把握去進行談判。

如果對這些資料一點概念都沒有，談判的方向將會很難掌控——你以為對方是個很容易應付的人，然而，他根本不是你所想像的那麼好說話，那根本連談都不必談，就知道你已經輸定了。

❹ 了解彼此互惠合作的優點

也就是說，如果達成共識的話，對彼此各有什麼好處？該怎樣互相合作，會讓兩邊互蒙其利？要怎樣去提高可行性？合約這樣訂下來，彼此之間的關係會變成怎樣？那些細節，絕對不是一、兩句話就能講清楚的，有很多數目、法規、要求等等，都會牽涉到雙方的利弊與生存空間。至於對誰有利、對誰有弊，都要先研究出來。

在談判之前，儘量搜集齊全的資料，這一點非常非常重要。有很多對方覺得對他有利的部分，其實對你也很有利，大家可以一起同進退；有些時候則是對他有利、對你有弊，或是對你有利、對他有弊，這時候大家該怎麼退而求其次？大家都是聰明人，你要有好處，人家也不想吃虧，有些時候是互相讓步才有辦法談。至於該讓哪些部份？要讓多少？你得要搜集這些資料，進行一番徹底研究。這是談判前絕不能忽略的準備工作。

5 彼此能夠搭配的可能性

這關係到個人的意願、胸襟、財力、智慧等等，你要知道彼此之間的合作關係會到怎樣的程度，所有組合、配對的可能性，都要了然於胸。

譬如說，你將談判計畫分成ABCDE五個配套方案，配合對方可能會提出的12345五種條件。當對方符合全部條件的時候，就採用計畫A；若是只願意提出135的話，就執行計畫B；計畫C是對方只給出24的時候；計畫D是針對1234，而不願讓步5的狀況；至於計劃E呢，則是當對方提出某些特殊要求的對應方

案……諸如此類的排列組合。

有時候，對方可能會對你的某個計畫有興趣，但是要符合其他的條件，這些就是需要在談判桌上協調的部份。要談到這些，就必須經過仔細的計算，徹底了解彼此的底限在哪裏。

6 要了解對方的喜好

這裡所提到的「喜好」，並不是指對方的興趣嗜好，而是指他在談判時能夠接受的方式，喜歡哪一種合作的方向。對方是欣賞一言九鼎的口頭承諾呢，還是喜歡用傳統的制式條約？他在跟你合作時，最重視的是什麼？每一個人都不一樣，所以要懂得對方的意願跟喜好，才能去配合對方，也才能去主導談判局勢。

所謂的「配合」，就是你發現他比較喜歡往東，那你就配合他盡量朝東邊走，響應對方希望的方式，在談判裡比較容易談得攏，這樣有可能得到更多我們想要的條件。

但是，如果換成另外一種情形：對方並沒有明顯透露出主動配合的意願，你還是可以主導。譬如說，你就直接告訴他：「三千萬，這是我開的價錢。」

「我先把我這邊可以接受的條件告訴你……若你有怎樣的條件，請你盡量提出來，我可

以配合你。」

當你要進行主導時，對方是不是願意配合？他這樣配合，你能夠滿意嗎？這要互相談過才會曉得。最重要的一點，就是觀察對方主動積極的程度，才決定你是要選擇配合他呢，還是讓他選擇配合你？這是非常有趣的技巧。

人，永遠都應該要能夠主導局勢。但是在談判的枱面上，我們可以表態怎麼配合，但其實自己還是主導的，這又是不一樣的技巧。表面上你是被控制的一方，但那是你在可以接受的範圍之下決定去配合對方，你心裡要知道自己的底限與對方所能配合的最大上限，這樣就會更有勝算。

7 達成協議，然後簽約

談判過程當中，有些人會故意採用拖延戰術。如果拖到最後關頭，你覺得對方似乎不得不聽你的，但還在那邊死撐活撐就是不點頭，那麼你就得快刀斬亂麻，讓談判快速達成協議，這就是另外一種技巧。

你可以直接告訴對方類似這樣的訊息：「我在三天之內要得到答覆。」等於逼著他非得

下決定不可。如果遇到就是下不了決定的人，你就要主動提出決定成交的時間、數量、彼此的協議跟簽約書等等。

你必須很清楚什麼是可以用來做為談判的資源與籌碼，將這些混合運用之後，就變成是出招的技巧。不過，所有的技巧、招數都不能保證一定會成功！學會這些技巧的目地，是給自己多些機會，在談判桌上做出最佳的演出。

談判應有的態度

談判除了技巧之外，我們還要提到幾個關於談判的「態度」，這也是你去跟人交涉之前不能不明白的重點。

❶ 不要只想著「贏」

談判就像戰爭，雖然會有勝負之分，但在心態上不能一直想著要「贏」。

或許你電影看多了，常會見到黑吃黑或是比誰心狠手辣，誰聲音大誰就贏了；但那些並不是談判應該有的態度。談判裡面最重要的是「溝通」，你若擺出一副一定要贏的態度，其他人也會知道，對你自己的風評沒好處。

2 不能把對方吃死

不要因為對方沒有考慮清楚，就硬是把人家給吃定了。把對方吃死，也是只想要「贏」的一種延伸，不過在談判條件上占了一些便宜——占對方不小心、不懂細節、無知的便宜。

當然，很多人會認為：現實就是這樣嘛！不懂還敢出來混，被坑了也是活該，社會上注定會被吃死的，本來就是這些無知的人——這是個人的見解。

不過，我個人的哲學不是這樣。如果別人沒有搞清楚或是不小心，我還是會跟他提點一下：你這個地方要不要再想一想？是不是要更小心一點？而不是一直想著要去吃定人家。做人要把眼光放遠一點，地球是圓的，還是厚道一點比較好。

3 創造雙贏的局面

心態上最好是能夠「雙贏」，互相保有彼此的空間，有互助互惠的合作關係，這樣是比

較好的。

談判一定會牽涉到利益關係，卻不見得一定要讓一方輸得很慘，不是一定要把人家的便宜占盡。若能夠站在對方的立場想事情，也不見得你就一定會吃虧。創造「雙贏」是一個很重要的談判心態，成功機率也會高很多。

雖然談判雙方會有不一樣的立場與需求，但雙贏的局面是絕對有可能會發生的。換句話說，這是一種格局的提升，當你不僅能夠顧及自己的生存空間，還能幫對方設想周到，便可以讓你的視野更擴張。這在談判上的心態是非常健康的，不需要廝殺到你死我活不可，甚至有些劍拔弩張的情勢，還可以因此化敵為友。

❹ 要講信義

態度要真誠、要講信用，你答應了對方的事情，得要說到做到。如果一場談判下來搞得自己灰頭土臉，何必呢？人生不一定非得這樣才能生存。

一般在談判時，也不是一定要談到讓人覺得非得魚死網破不可，只是生活中常會有談判的機會，所以我們還是要知道正確的方向，了解彼此之間的底限到底是什麼。最好是大家都

能夠各得其所，也不互相殘害，不需要吃定人家、趕盡殺絕。

這裡所講的，並不是講話上面的技巧，而是心態上應該要了解的事情。如果能夠知道這些基本態度，再來就是你自己努力做好準備，去跟人談判就不會很困難。

當我需要說服別人時，要掌握哪些關鍵？

要說服別人之前，要能夠先說服自己。如果不能夠說服自己，不管你對別人說什麼，都不會有足夠的說服力。

說服自己的重點，在於做到「將心比心」。如果你是他，以你自己的條件跟立場，有沒有辦法說服對方？所以，說這些話之前你要做到一件事：如果把他換成你，連自己都會被說服了。

當你已經說服自己之後，說話就沒有後顧之憂，沒有任何抗拒、反對的理由，可以全力以赴地去說服別人，而且兩邊都覺得「合情合理」。

所謂的「合情」，就是說到讓他喜歡、覺得舒服、覺得願意，在情感上極度地有吸引力。

至於「合理」，就是要讓他覺得你說的話是符合邏輯的，在理智上來說是生存的，你沒有欺騙的意圖，說出來的方案並不是投機取巧、漏洞百出的辦法。在這樣的情況之下，才有辦法去說服別人。

說話是要負責任的，說服別人的話當然不能天馬行空隨便亂講，到最後被揭穿時，那種感覺非常糟糕。當你要說服別人之前，就得先仔細思考過對方會怎麼想、怎麼做，而且讓兩邊都要覺得可以做到。如果能夠把握這些關鍵，說服別人的機率就相當高！

當雙方陷入僵局時，話該怎麼說？

陷入僵局就是兩邊固定住了，動彈不得，狀況非常難堪，而且進退兩難。

談判陷入僵局的狀態有三種可能性。第一種，就是兩邊談不攏，講到意見不合、各說各話，你一講東，他就一定要講西，到後來已經完全沒交集了，也引發情緒化的問題。

第二種情形，是有一個不能接受或不能原諒的情況發生，讓其中一方認為完全沒得談了。所以，談判就沒有辦法繼續下去了。

第三個呢，就是底限被踩到，很難堪、下不了台，甚至連不該講的話都講了，在那個時間點上讓某一方很沒面子甚至撕破了臉。

不管狀況有多麼險惡，關於化解僵局的方式，有以下四種可以參考。

❶ 重新來過

重新來過是什麼意思呢？就是剛才雙方到底在討論些什麼、在講什麼，大家再重頭檢視兩邊原來的目標，也再一次展現彼此的誠意。在變成僵局之前，一開始的情況一定不是這樣惡劣的嘛！現在，就等於是重新再出發，把剛剛沒發現到的問題找出來。

再來一次的重點，是回到剛剛兩邊都談得很順暢的地方。從開始講話的時候，什麼地方是開心的、什麼地方是愉快的，把那個時間點拉回來，找出彼此都認同的共識，再接著把話繼續說下去。

當然，找到這個好的點之後，雙方要講的內容必須是修正過的。你應該再重新思考過一次話要怎麼說，才不會陷入原來的僵局。當對方也有誠意再給一次機會時，你們應該努力再試試看，有沒有新的解套方式？或是用更圓融的說話方式、態度，再次表達出善意，只要找

到兩邊同意的共識，結果便有可能會扭轉。

❷ 障礙排除

談判陷入僵局，有可能是雙方產生了誤會，或是話講得不夠圓融，也有可能是某一方被激怒了。那麼，我們就來改變一下現況：把不愉快的地方明確地指出來，像是哪句話不該講、什麼事情沒做好，有什麼動作得罪了人家或是對方無法接受的條件等等。

把這些問題找出來之後，還要想辦法把雙方的不愉快解除。你必須向對方道個歉，把衝突點解釋一下，澄清可能存在的誤會，然後再繼續接下去講，應該就會好起來。

這就像一張網子有破洞，你想要繼續捕魚，就應該把破洞補一補，然後再看看情況怎麼樣？大部份的時候，這些問題排除了，對方也感受到你的善意，就可以再繼續談下去了。

❸ 等一下

等什麼呢？就是停一下，整理好情緒。譬如剛剛對方講的話讓你很憤怒，思緒非常混亂，該怎麼辦呢？此時你可以先上個廁所，去喝杯水、喘個氣，讓自己有個緩衝，想想看對方這樣說話的意圖是什麼?是要故意激怒你呢,還是真的不可理喻?暫停是一種緩兵之計,先讓自己靜一靜,想清楚了,然後再去繼續下去。

4 轉移注意力

如果事態嚴重一點,就要把注意力轉移一下,不要一直停在某一個地方。比方說,你在客廳跟父母爭論不下,就不要在客廳裡待太久;如果你是在辦公室跟同事吵架,就不要一直停在辦公室裡面,可以先去吃個飯、到公園去逛逛,或是去便利商店買個東西之類的。反正,就是讓自己動一下,換一個環境。

當你走到外頭之後,你必需把注意力放到談判僵局之外的事物。你可以看看路上車子、看看馬路上的行人或路標,等到再次回到談判桌時,情況可能就會好一點。

這四個方法是一個建議。基本上,在談判陷入僵局的時候,你必需知道這已經接近一盤死棋的狀態,就不要讓這樣的局勢停太久,停愈久,場面當然就愈僵。

要化解僵局,便要處於主導的位置。不管問題是出在對方還是你自己身上,你都要加強訓練情緒控制的能力,不能讓自己的火氣比對方更大。只要情緒失控或是過於固執,完全不

肯讓步，那一定沒得談，話局就只能在這邊結束——因為問題出在你身上。

有能力面對僵局解套的人，一定是能夠主導的人。你必須先建立這樣的觀念：因為今天你要主導，所以你必須先退，他才能進。如果你能吞、能忍，才能給自己找到一個前進的空間，也才能夠借力使力，找到一個解套的方法。

控制情緒並不是毫無理由地讓步。你之所以選擇退讓，是因為心中以大局為重；而不是堅持己見、絕不讓步，雙方拼個你死我活不可。化解僵局不只是靠技巧，胸襟必須要夠大、身段要夠軟，要能夠知道何時可進、何時該退，轉圜的空間才會出來。

如果對方的態度很硬，把話講得很死，要怎麼樣說，才能把話說活？

要把話說活，跟對方的態度並沒有絕對的關係。對方說話很硬，把話都講死了，你還是可以把話說活，這個觀念非常重要。

你該做的很簡單：多說些話就行了，把情勢扭轉回來，但並不是硬去拗他，你就是很正常地說話，去彌補話局裡不足的「另一半」——這有點像是太極裡的陰陽互補，你可以借力使力，去補滿對方話裡不夠活的地方。

他的話聽起來很硬，一點轉圜的空間都沒有，就像一塊缺乏養份的土地，你就必須多施點肥料，讓這塊土地肥沃起來。換句話說，你還是可以主導這個話局，即使他的態度強硬，乍聽之下把話說得很死，但還是可以讓它活起來。

假設他說的很硬、很死，你說的話很活，他跟你說話的比例大約各佔一半，這樣還是救不活的。你必須把這些被說死的、聽了不舒服的部分，全部把它給炒熱起來。在執行這個動作的過程中，對方不見得會認為自己的態度強硬，或者他也沒有惡意要把場面搞僵，也沒有故意讓你不能喘息的意思。所以，你還是可以把話說活，你還是可以很自然、很討喜地表達你要說的話，到最後，場面就會變得很有趣。

以我自己的顧問工作來說，常常會需要跟不同的人說話。有些時候，對方的態度是非常冷漠的，或是情緒很低落，甚至擺出極度不友善的態度，場面的氣氛非常僵硬。遇到這種狀況，絕對不能受到對方影響，就算他的臉色再難看，你還是得要很正常地講出自己要說的話。

好的溝通，可以讓你化險為夷。一開始對方不歡迎你，甚至告訴你滾出去之類的；不過，該說的話依舊是慢慢地講到滿、講到底。只要能夠控制得宜，最後彼此的關係仍會很活絡，人家還會請你留下來吃飯，甚至還送禮物，歡迎你下次再來。這是常常發生的事情，我早已見怪不怪了。

很多人以為這像變魔術般地神奇。其實，我所做的就是不受對方影響，做自己應該做的事，說應該要說的話。只是要把話說活之前，自己得要先有心理準備：你得用兩三倍的力氣，才能把氣氛活絡起來。

這就像手上拿著一杯冰水，要加溫，就得加入滾燙的熱水才行。要是只有溫水，就盡量多加一點，用量來補足；若還是不夠熱，就只好拿去煮一下，還是可以達到你要的溫度。把這個例子轉換成說話的情況，你說的話必須像是沸騰的滾水，他的話就像冰塊；你要說很多熱情奔放、富有生命力的話，只要灌注下去的能量夠大，他就會被融化。就算機會渺茫，還是有機會死灰復燃的。

電影《食神》裡有句經典名言：「只要有心，人人都可以是食神。」重點就是有這個「心」，你就可以辦得到。

第12章

這些話，該怎麼說？

怎麼樣訓練自己能夠勇敢地說「不」？

不能拒絕有很多的理由。可能是不好意思說出口，可能是怕跟對方撕破臉、怕人家不開心等等，每個人的理由都不太一樣。

不過，拒絕別人的訓練方法卻非常簡單。就是不管對方怎麼說，你只要說：「不！」就行了。要是你真的開不了口，就對著鏡子裡的自己說：「不行！」

「對不起，我不想要。」

「謝謝你，但我不需要。」

「不必再說了，我不能接受。」

其實拒絕別人很簡單，就是多練習而已，說到你能夠真的面對為止。這是一種勇氣，沒有什麼秘訣，完全是訓練出來的，講多了自然就會了。一開始對著鏡子練習，或許你會覺得很好笑。一旦講多了你就會發現，其實拒絕別人也沒什麼大不了嘛！就算被拒絕了，也沒什麼好奇怪的！只要能夠面對，就不會感到難受。

那些很自然就能拒絕別人的人，並不是天生就會，而是練出來的。他有很多次拒絕別人

的機會，說久了就自然了。所以，你不要認為你天生就不懂如何拒絕別人，錯！有些人很會拉提琴，是因為他練了很久；你不會拉提琴，是因為你沒學過，就這麼簡單而已，不是什麼秘密。

至於那些尷尬、不開心、撕破臉的問題，都是多餘的擔心。反正你心裡真正的想法就是「不」，不管繞了多少圈，你就是要表達出來，想這麼多也沒有用。你要做的，就是練習表達拒絕的方式，練到熟練為止，可以自然地說出來也不難為情。每一次人家跟你講些什麼事情，當你想要說「不」的時候，就直接說出來，練多了就會了，心裡不必想那麼多。

「不」這個字能不能順利說出口，道理很簡單，就是練與不練之別。只要你練多了，就會相信拒絕別人只是一種表達，就如同你說「好」一樣容易。

要如何拒絕對方的表白，又給他台階下？

這個問題，可以視為練習說「不」的進階版本。其實也很簡單，你就直接跟對方說出為什麼要拒絕的理由。你必須告訴他，並不是他這個人不好，而是你們不適合，這樣的說法最簡單，也沒有什麼好不好意思的，人跟人在一起相處，不一定非得要當男女朋友不可。

有些時候，你並沒有打算讓對方顏面盡失，但難免會遇到不識相的人，死纏爛打就是不肯放棄。你很好心地想給他台階，也要看看對方是否找得到這個台階；要不然，他還以為你是故意在吊他的味口，甚至誤以為這是你「欲拒還迎」的手段。

換句話說，你要給對方一個台階時，必須很清楚讓他知道什麼是你可以接受，什麼是你不能接受的。你可以跟他清楚表達以下幾個說詞：

一：你自己目前的感情狀況。

二：說明你找對象的方向是什麼。

三：明確告知對方，你並沒有想要接受他當你的男（女）朋友。

四：補充說明，對方的條件也很好，只是彼此不適合當男女朋友，你拒絕他並不是他的問題，而是你現在沒有這樣的想法，或是有其他的理由。

所謂的台階，可能會用到一些理由、一些藉口。這些理由跟藉口最好是事實，讓對方明白事情的真相。既然要給他一個台階下，就得讓他知道你不接受並不是他的問題，他有他的狀況，你也有你的狀況，不管是你覺得彼此不合適呢，或是你並不打算給對方機會，或是現

在沒有交往的意思，這都是你自己的決定，也是一個給對方的台階。

有些人品比較高尚的人，當你給了他台階之後，大家還是可以保持良好的關係。但是，也有一種人是不管有沒有台階下，就算你表態拒絕之後，他還是一直死纏爛打。遇到這種人，就要看你們之間誰會受到影響。

拒絕是一招，死纏爛打也是一招。有很多情侶之所以在一起，確實是因為其中一方死纏爛打，最後才在一起的。換個角度來看，有些時候，他必須用死纏爛打的方式才能夠追得到你，對方永不放棄的意志力改變了你的想法。所以，當有人對你死纏爛打時，也不見得是件壞事；只是當下的時刻你想拒絕罷了。

如果你沒辦法拒絕他，也沒辦法不理他，甚至沒辦法斷絕關係，而他就是一直黏著你不放，你又不希望跟他交往，那該怎麼辦？你能做的就是一直拒絕，看誰可以堅持到最後。

對方既然有本事可以打死不退，你也應該謝謝他這麼勇敢，告訴他說他的毅力讓你非常佩服。不過，既然他能夠做到這樣的地步，你又如何會做不到呢？你也可以一直堅決地拒絕下去，是吧？

人生可不只是情場上會遇到死纏爛打的人，各種領域都有可能遇到，有些甚至是你最親近的家人。你也沒有其他方法，除非他死掉或放棄，要不然就是你放棄，不然就不會有什麼好的結局，雙方只能僵持不下。

遇到這種狀況也不需要覺得生氣，只要你還是覺得不能被他打動，那麼，你還是要繼續拒絕。不過，如果你被他打動了，你可能不想拒絕了，後面的故事又不一樣了。

所以，這種事也沒有「該怎麼辦」的問題，你不想跟他在一起，就只能一直拒絕；他想要黏著你，你趕也趕不走，就看誰的意志力比較堅強。沒到最後，「輸贏」還很難講呢！

有些人喜歡藉由嘲弄別人當成幽默感，對於這種人該怎麼辦？

遇到這種人，你可以不理他。不過，最好的方式就是告訴他：「我不覺得這樣很幽默，不要再去嘲笑別人了。」因為這些話的行徑與意圖並不乾淨，會引起在場某些人的負面情緒，這跟幽默感沒有關係，而是心胸不寬廣的人會做的事情，讓人覺得幼稚。

當然，對於那些說話比較負面、胸襟沒那麼寬廣的人，或是說話比較無厘頭、白目的人，

通常也不太願意去了解別人的心情，除非他的格局提升到了某個水準之上，這樣的事情才不會發生。

這些人的舉動常常會讓你覺得難受。但是，**會感到難受是你應該處理的問題；你要想辦法把這些格局與境界的層次修練起來，讓自己不受別人缺點的影響，造成生活上的困擾與不舒服。**如此一來，你才可以專心去培養自己的幽默感，而不是整天擔心要怎麼去應付別人，或是擔心哪些人會讓你不舒服。

人生會遇到的問題，你應該把它當成是能夠進步成長的學習機會。過程當中難免會有一些不願面對的不舒服，不過，你仍可以用比較正面的方向去了解它，努力挖掘人生裡應該要學習的事情。

不必擔心別人做了什麼不對的事。只要你自己不去做這種事情就好了。嘲笑別人是一件非常低級的事情，每個人都應該將心比心：今天若換成自己被嘲弄，一點也不好玩，當然也沒有什麼幽默可言。所以，你自己不要做這種事，但也不要太在意別人會這樣做。

見到有些人擺出嚴肅的撲克臉，本來想講有趣的事情，最後都吞了回去，該怎麼辦？

嚴格說來，這是你自己的問題，因為是你受不了別人的「嚴肅」或「撲克臉」，並不代表其他人也會有一樣的狀況。其實，既然有話想要講，不管是什麼話，都應該直接講出來才對！你不該因為無法面對別人的各種狀況，就沒辦法表達自己的想法；換句話說，會把話「吞回去」，百分之百是你自己的問題。

所以，關於這個問題，你要練習的是面對各種情況，都能自在地把話講出來。既然你已經知道自己會受到「撲克臉」的影響，就要練習不被這種類型的人影響你的人生。

那麼，該怎麼樣去做呢？最簡單的方式，就是多找一些個性比較「嚴肅」的人，在他們面前像平常一樣地講話，讓自己能夠更自在地面對。這個「嚴肅」，可以替換成任何一種你很難面對的類型；你得練習到不管在任何情況之下，都影響不了你要講的話，不管你想說什麼，都不必吞回去。

除了練習「說出口」之外，有些時候，也要反過來練習「吞下去」。比方說，你在某些

場合講話常會口無遮攔，該呑的時候就必須把話呑下去。當你練到呑吐自如，就可以自由地控制要說或不說，這是你的決定，而不會受到別人的影響。

這些訓練是生活中的功課，就跟學騎腳踏車沒什麼兩樣。在學會之前你只能一直摔、一直摔，當你跌倒的次數多了，自然就學會了。你不能面對的人可能有很多種類型，或許有些人是擺出一張撲克臉，有些人是城府極深，有些人則是巧言令色等等；不管是怎樣的人，你都必須有辦法面對，最好的方法是從小多練習面對自己所不能面對的事情。一回生、二回熟，接觸多了、久了自然就會習慣，就是這麼簡單，不必把它看得太嚴肅。

說話貴在練習，人生貴在了解，事情做多了自然就會熟練，如此一來，生活才會真正自由，不管發生什麼事都會很自在。

我知道對方的批評是有道理的，但是他講出來的話就是很難聽，每次聽了都火冒三丈。要怎麼去應付這種人？

我建議先從自己修正。你會火冒三丈，表示你自己有問題。對方把話講得很難聽，你要

不要聽是你的選擇。如果他說的話很難聽，但多少還是有些道理，你應該要謝謝他，至少他願意把話講出來，已經很不容易了。

如果他說的有道理，你卻覺得火冒三丈，表示你這個人不太講理。所以，你自己應該要先想想：「我要不要改？」既然你不希望讓別人瞧不起，就要有本事把問題修正到讓人沒得挑毛病，這才是最圓滿的方法。

你要想的，不是如何去「應付」的問題。只要你做的好，就不會有人講你的不是。人家講得有道理，你就姑且聽之，至於這些話好聽還是難聽，就看你個人的水準。當你的修養夠高，不管對方把話講得多難聽，你都能夠聽得下去，至少你會感謝人家願意講出口，指正你的問題。要是這麼容易就火冒三丈，這樣的脾氣要改一下才行。

總之，這是牽涉到個人修養的問題。做人還是要多反省自己，才是比較正面的方向。

當我感覺不受到朋友的尊重時，該怎麼辦？

恭喜你，能夠察覺到這樣的狀況，是件好事。你知道自己不被尊重，這是個事實。然而，

不尊重就不尊重，沒什麼大不了，不必特別在意。如果你覺得不受到尊重，偏偏你又很在意，就應該好好反省一下——想想看自己的為人處事，哪裡做得不夠、哪個地方做得不好？為什麼人家會不尊重你？要不然，你也可以去請教對方，自己有什麼地方需要改進的？一定有什麼地方是你不夠自重、做得不夠好，而自己又看不到的盲點，才會讓人家看不起你、不想理你。

做人一定要先尊重自己，才能贏得別人的尊重。不過，如果你覺得自己該做的都做了，你對自己的所作所為也感到俯仰無愧，但對方還是不尊重你，那麼，也不需要過於介意。你可以選擇跟他溝通，看看是你的問題還是他的問題——誰對誰錯並不是重點，重點是你應該做的事都要確認有做到。要是對方還是不尊重你，那也就罷了！不一定非要得到每一個人的尊重不可，這不是什麼大不了的事情。

如果你是一個值得被尊重的人，就算有人不尊重你，可能是彼此之間不夠理解，但也不需要對此耿耿於懷。你應該在乎的是，人家講的、想的是不是真有其事？你要非常誠實地去修正自己的問題。

人生最可貴之處，在於「進步成長」。只要你能夠進步，一切的問題到最後都會有答案，是非對錯不必爭在一時，別人的尊重與否，也不是真的那麼地重要。

遇到犯了錯卻從不說「對不起」的人，要如何才能讓他知道這樣做不對呢？

「讓對方知道自己不對」的態度本身就有問題，因為「對錯」並不是由你來認定的。人家也不一定要說「對不起」，搞不好說「對不起」也是錯了，是吧？如果你要強迫人家講「對不起」，不管你多麼有道理，錯的是你，而不是他，這種態度會讓人心生反感。

人最怕講對錯。我常說：「要講對錯，站在狗旁邊。」對錯沒有一定的標準，你所認為「非這樣不可」或「不這樣做不行」的想法，並不是很理性。

此外，就算人家說了「對不起」，也不會讓事情變得更好。如果他並不認為自己錯呢？你一定要他認錯，這樣也很奇怪吧？

如果別人犯了錯，最重要的是：必須他自己覺悟才算數。如果是你犯了錯，你要去跟人家主動說「對不起」。你得要求自己看到自己的問題，而不是一直去要求別人道歉，這是在

生活裡的一個基本做人態度。

講對錯是很傷情感的，傷了情感之後，就沒有朋友可以做。就算你都「對」了，可是所有的人都不理你，你的人生也「錯」光了。所以，不要要求別人說對不起，這就像強迫別人要拿掉自尊或卑躬屈膝；如果你每天都要求別人低你一等，總有一天你會發現，身邊的人都變成了侏儒。

人應該往高處爬才對。你應該跟朋友一起實現夢想、創造奇蹟，愈來愈抬頭挺胸、愈來愈帥氣、愈來愈有精神。奉勸你不要幹那些逼人認錯的事情，這樣對你才是最好的。

對方總是堅持己見，而且態度傲慢，無法敞開心胸就事論事，完全不接受、不思考、不認同我的看法，總是認為自己才是對的，該怎麼辦？

遇到這種狀況，應對方法很簡單：讓他是對的就好。如果你要跟他爭下去，表示你也跟他一樣傲慢，你也不能敞開心胸，一樣不接受、不思考、不認同別人的看法，兩個人都半斤八兩，那就沒有什麼好論高下的。

你想跟他談論對錯、分出高下，是因為你也覺得自己才是對的。如果你不是那麼堅持己見，那做法就很簡單了：你可以選擇認同他的看法，或是就讓他這麼傲慢下去，接受他這樣的態度。

只要一句話：「沒錯，你是對的。」那些紛爭就結束了。如果你一定要去跟他爭呢？那就很奇怪了，因為他不認同你，又沒有要跟你溝通的意思，你要跟他說些什麼呢？

溝通，必須兩個人都有意願才可以進行。只要其中一方沒有意願，一個巴掌當然拍不響。如果對方不願意跟你講話，你就沒有理由一定要強迫他說話，所有的事情都是一樣。你很愛對方，偏偏人家不愛你，你能夠怎麼樣？要霸王硬上弓嗎？只要一方不同意就不能成交，不能成交就不必勉強。要是你一定要改變對方的態度，但他完全不接受，就變成好像你在強姦對方，這就沒有什麼意思了。

你現在唯一確定的是：他不會改變心意，就算對方站在你前面，講再多也沒用啊！講來講去不是很浪費時間嗎？與其浪費這麼多的時間爭論對錯，還不如做點有意義的事情。搞不好，最後他自己會來找你討論，這樣可能還比較實際一點。

我有個朋友常聽不懂別人說話，就像有人表明拒絕他了，他竟然說：「對方說不要，是因為不好意思拒絕我。」然後一直做出白目的事情，搞得別人很煩，旁邊的人看了也很頭大。難道就讓他繼續這樣白目下去嗎？

沒錯，就是讓他繼續白目下去。因為只有他想改變的時候才會改變，只有當他看得到自己是這樣的白目，才能決定要不要繼續白目下去。你想要幫他改變，雖然這樣的心意很好，如果他自己看不到問題，就算你想幫他，他不會接受也不會心存感激，甚至還覺得你根本是莫名其妙。

在你想要幫他之前，必須先明白一件事：想要幫助別人，不是這麼簡單的事。或許你是抱著同情他的心態，或是擔心他的態度會惹出事端，那也是你的問題——他自己都沒在怕了，你在怕什麼？皇帝不急，急死太監。所以，你只能一直看著他這樣白目下去；偶爾確實可以提醒他一下，但如果他自己不這麼認為，那就沒有改變的可能。

如果你跟他交情深厚，陪著他大概是最好的方法。可是，如果你一直想要去改變他，必須很有耐心地講到他願意改，或許講個十年都不會有效果，等到死都等不到。你得衡量一下自己有沒有這個精神跟力氣。

只要朋友不跟你翻臉，而且你也很有興趣，大可以這樣搞下去，或許有一天奇蹟出現，他會突然開竅也說不定。如果你只是很擔心他繼續白目下去——擔心的人是你，你受不了，你要罵他或是跟他幹架起來甚至斷絕關係，那就不是他的問題，而是你的問題了！

每個人都有他自己的看法，有屬於他自己的世界。如果他看不到問題，你也不能罵他白癡。要是你有本事，就要讓他看到自己的問題，而且明白這樣下去會招致什麼結果。如果你沒這個本事，指責他只會傷害彼此的感情，何必要讓自己如此不舒服呢？

所以，最好的方法就是讓他自己「覺悟」。你希望引導他，讓他了解自己這樣做會有問題，這樣的心意當然很好，問題是你有沒有這樣的功力？如果有這樣的本事，就是功德一件。沒有這樣的水準，變成你要罵他、攻擊他，那就是你自己的口業了！

結語

終於，到了畫下句點的時刻。
文行至此，洋洋灑灑二十萬餘字，
彷彿永遠說不盡似的。
藝術之美，讓人如此沉醉癡迷。

說話的藝術，是我最鍾情的領域。
然而，寫這本書並沒有因此變得容易，
必須不斷地挑戰極限，
絞盡腦汁寫下每一句話。

這段時間，
我沈浸在藝術的洗滌中。
靈魂是我的畫筆，
每個律動都透過筆尖傳遞，

結語

一次又一次地脱胎換骨，
讓生命更柔韌，思緒更清澈；
心中的悸動與震撼，
已和藝術合為一體。

此時，我心中充滿無限感動。
雖不想就此結束，
但再美好的宴席，也會有落幕的時刻。
只願君心如我心，
僅以此書與諸君互相砥礪，
讓溝通永遠成為推動生命的助力。

說話的藝術3

讀者回函卡

對我們的建議：

郵票請帖於此，
謝謝！

台北郵局第118-332號信箱
P.O. BOX 118-332 Taipei
Taipei City 10599 Taiwan(R.O.C)

創意出版社　收

封 口

請於此處用膠水黏貼

說話的藝術3

讀者回函卡

謝謝您購買我們出版的書籍，請您抽空填寫這張讀者回函，並延虛線剪下、對摺黏好之後寄回，我們很重視您的寶貴意見，謝謝！

@基本資料

◎姓名：________________

◎性別：□男　□女

◎生日：西元________年________月________日

◎地址：________________

◎電話：________ E-mail：________________

◎學歷：□小學　□國中　□高中　□大專　□研究所（含以上）

◎職業：

□學生　□軍公教　□服務業　□金融業　□製造業

□資訊業　□傳播業　□農漁牧　□自由業　□家管

□其他________________

◎您從何種方式得知本書？

□書店　□網路　□報紙　□雜誌　□廣播　□電視　□親友推薦

□其他

◎您喜歡閱讀哪些類別的書籍？

□商業財經　□自然科學　□歷史　□法律　□文學　□休閒旅遊

□小說　□人物傳記　□生活勵志　□其他

◎您對本書的意見：

內容：□滿意　□尚可　□應改進

編排：□滿意　□尚可　□應改進

文字：□滿意　□尚可　□應改進

封面：□滿意　□尚可　□應改進

印刷：□滿意　□尚可　□應改進

請於此處用膠水黏貼

國家圖書館出版品預行編目(CIP)資料

說話的藝術3 / 陳海倫作. – 初版. — 臺北市 ：
創意, 2014. 06（創意系列；25）
ISBN 978-986-89796-4-2(第3冊：平裝)
1.說話藝術

192.32　　103007348

創意系列｜25

說話的藝術3

你怎樣說話，決定你是怎樣的人！

作者｜陳海倫
責任編輯｜劉孝麒
美術編輯｜王尹玲
封面插圖｜呂季原

出版｜創意出版社
發行人｜謝明勳
郵政信箱｜台北郵局第118-332號信箱
P.O. BOX 118-332 Taipei
Taipei City 10599 Taiwan(R.O.C)

電話｜(02)8712-2800
傳真｜(02)8712-2808
E-mail｜creativecreation@yahoo.com.tw
部落格｜first-creativecreation.blogspot.com
印刷｜世和印製企業有限公司

定價｜380元
2014年6月初版

first-creativecreation.blogspot.com

創意有心，讀者開心

陳顧問的facebook
www.facebook.com/consultanthellenchen